Die Rückkehr zu Dir Selbst

Eine Brücke zwischen Kindheit
und Erwachsensein

von

Karoline Weiß

Ein heilsamer Wegweiser

für

Mut,

Veränderung

&

Heilung

Für alle mutigen Herzen, die ihren Ängsten begegnen. Möge dieses Buch Dich inspirieren, den Mut an unerwarteten Orten zu finden und den Dingen, wenn möglich, auf den Grund zu gehen.

Inhaltsverzeichnis

Herzlich Willkommen!

Es freut mich sehr, daß Du diesen Schritt in Richtung persönlicher Entfaltung und Heilung wagst. Auf den kommenden Seiten wirst Du auf eine transformative Reise gehen, die Dir helfen wird, alte Muster und Glaubenssätze zu erkennen und zu überwinden, die oft aus der Kindheit stammen.

Ich lade Dich ein, Dir ein kleines Notizbuch zuzulegen, das Dich während dieser gemeinsamen Reise begleiten kann. Nutze es, um Gedanken, Erkenntnisse und Emotionen, festzuhalten. Notiere Deine Fragen, Deine Fortschritte und die Momente des Wachstums. Ein solches Notizbuch wird zu einem wertvollen Werkzeug, das Dir hilft, über Deine Erfahrungen nachzudenken und Deine persönliche Entwicklung zu dokumentieren.

Ich wünsche Dir von Herzen eine gelungene und bereichernde Reise in Dein schönstes Leben. Mögest Du die Freiheit und den Frieden finden, die Dein inneres Kind so sehr verdient!

Mit besten Wünschen

Karoline Weiss

Was wünschst Du Dir?

- *Selbstentfaltung:* Suchst Du nach Möglichkeiten, Dich selbst zu entdecken und zu entfalten? Möchtest Du individuelle Interessen und Talente entwickeln, die möglicherweise in der Familie nicht genügend Raum fanden?

- *Inspiration:* Möchtest Du Ermutigung und Beispiele, die zeigen, dass Veränderung möglich ist?

- *Verstehendes Umfeld:* Sehnst Du Dich nach einem Verständnis für Deine Situation und vielleicht nach einer Bestätigung, dass Deine Gefühle und Wünsche legitim sind? Worte, die Dir Empathie und Verständnis entgegenbringen?

- *Praktische Strategien:* Suchst Du nach konkreten Ratschlägen oder Techniken, um Deine Situation zu verändern? Möchtest Du lernen, Grenzen zu setzen und Strategien zur Konfliktlösung zu entwickeln?

- *Emotionale Unterstützung:* Wünschst Du Dir Unterstützung und Tips, wie Du Dich mit den psychologischen Aspekten der Befreiung auseinandersetzen kannst?

- *Kritische Perspektiven:* Bist Du an einer kritischen Auseinandersetzung mit gesellschaftlichen oder familiären Normen interessiert, die Dich eingeengt fühlen lassen? Möchtest Du alternative Sichtweisen entwickeln?

- *Identität und Zugehörigkeit:* Hast Du den Wunsch nach einer neuen oder authentischeren Identität? Möchtest Du herausfinden, wo Du wirklich hingehörst und wer Du unabhängig von Deinen familiären Erwartungen bist?

- *Vorhersagbarkeit und Klarheit:* Sehnst Du Dich nach mehr Klarheit über Dein eigenes Leben und im Bezug auf Deine Entscheidungen, weg von den übermäßigen Erwartungen und dem Druck Deiner Familie?

Dieses Buch möchte Dir wertvolle Einsichten und Hilfestellungen bieten, um Deinen eigenen Weg zu finden und Dich von familiären Fesseln zu befreien.

Einleitung

Dieses Buch beginnt mit einer heilsamen Geschichte für Dein inneres Kind zur nachträglichen Befreiung von alten Begrenzungen.

Die Begrenzungen, die wir in unserer Herkunftsfamilie erfahren haben, sitzen oft auch Jahrzehnte später immer noch tief und halten uns davon ab, das Leben zu leben, nach dem wir uns im tiefsten Innern sehnen. Existentielle Ängste und veraltete Meinungen, die in frühster Kindheit übernommen wurden, wirken noch bis heute.

Dieser heilsame Wegweiser lädt Dich dazu ein, den Mut zu finden, die Vergangenheit hinter Dir zu lassen und Deine eigenen kreativen Kräfte wieder zu entdecken.

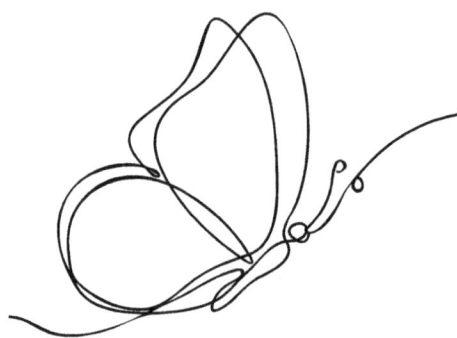

Teil I:
Für das innere Kind in Dir

Das kleine Reh

&

der Drache

Im Herzen eines uralten, dicht verwobenen Waldes, wo das Krächzen der Raben aus den Baumwipfeln widerhallt und das Flüstern der Blätter von vergangenen Zeiten erzählt, lebte Luna, ein neugieriges kleines Reh mit großen Träumen.

Sie sehnte sich danach, auf der sonnendurchfluteten Lichtung zu spielen, wo die schönsten Blumen wie ein buntes Meer leuchteten und die Sonnenstrahlen lustig über den Waldboden funkelten und tanzten.

Aber die anderen Rehe und Tiere des Waldes hatten große Angst und warnten sie ständig: „Bleib im Dickicht versteckt, Luna! In der Nähe der Lichtung lebt ein gefährlicher Drache!"

Tag für Tag schaute Luna sehnsüchtig zur Lichtung, aber die Angst vor dem Drachen hielt sie zurück.

Doch eines Tages wurde ihre Neugier größer als ihre Angst. Sie wollte endlich wissen, ob die Geschichten über den Drachen wirklich wahr waren. Also nahm sie all ihren Mut zusammen und schlich vorsichtig in Richtung der Lichtung.

Kaum war sie angekommen, hörte sie plötzlich ein schreckliches Geräusch. Es klang, als ob etwas Großes und Mächtiges näher käme. Luna bekam Angst, schloss fest die Augen und dachte, ihr letztes Stündlein hätte geschlagen.

Doch auch nach einer Weile geschah nichts. Vorsichtig blinzelte sie mit einem Auge und sah zu ihrer großen Überraschung einen traurigen Drachen vor sich auf der Lichtung sitzen.

Der Drache saß auf der Lichtung und versuchte, Feuer zu speien, aber es kam nichts heraus. Nicht ein einziger Funke. Der Drache sah sehr niedergeschlagen aus. Er bemerkte Luna und seufzte: „Alle haben Angst vor mir und meiden mich. Deshalb esse ich immer mehr Süßigkeiten, weshalb mir vor einer Weile alle Feuerzähne ausgefallen sind."

Der Drache fühlte sich einsam und missverstanden. Er hatte niemanden, mit dem er reden und seine Gefühle teilen konnte. Er hätte auch gerne auf der Blumenwiese zusammen mit den anderen Tieren gespielt. Seine Einsamkeit und Traurigkeit hatten ihn so fürchterlich wütend gemacht. Deshalb hatte er angefangen, Feuer zu speien.

Luna fühlte Mitgefühl für den Drachen. „Ich habe keine Angst mehr vor dir," sagte sie und trat näher. „Vielleicht können wir Freunde werden."

Langsam fassten auch die anderen Tiere des Waldes Mut. Sie hatten gesehen, dass Luna nichts passiert war, und wagten sich aus ihren Verstecken.

Eines nach dem anderen kamen sie auf die Lichtung. Vorsichtig näherten sie sich dem Drachen und stellten fest, dass er wirklich nichts Böses im Schilde führte. Im Gegenteil, er war glücklich, endlich Gesellschaft zu haben.

Bald wurden die Tiere und der Drache beste Freunde. Sie spielten und tanzten zusammen auf der sonnigen Lichtung und lachten viel. Der Drache war nicht mehr allein und hatte gar keine Lust mehr auf Süßigkeiten. Er genoss die Gesellschaft seiner neuen Freunde.

Von diesem Tag an war die Lichtung der glücklichste Ort im Wald. Luna war froh, dass sie den Mut gehabt hatte, ihre Angst zu überwinden. Sie hatte nicht nur einen neuen Freund gefunden, sondern auch den ganzen Wald zu einem glücklicheren und sichereren Ort gemacht.

Und so lebten sie glücklich bis ans Ende ihrer Tage, und die sonnige Lichtung war stets voller Leben und Freude.

Versuche immer, Vorurteile zu hinterfragen und den Dingen auf den Grund zu gehen, um zu sehen, ob sie wirklich stimmen. Die Welt ist voller Missverständnisse, und oft steckt etwas ganz anderes dahinter, als wir denken.

Möge die Geschichte von Luna und dem Drachen Dich ermutigen, mit offenem Herzen und mutigem Geist die Welt zu erkunden, Vorurteile zu hinterfragen und den inneren Frieden zu finden, den Dein inneres Kind so sehr verdient hat.

Reflexionsfragen zur Geschichte

- Was hat Luna dazu gebracht, ihre Angst zu überwinden und die Lichtung zu betreten?

- Wie hat sich Luna's Mut auf die anderen Tiere im Wald ausgewirkt?

- Warum hatte der Drache seine Feuerzähne verloren und wie hat sich dadurch sein Verhalten verändert?

- Wie haben die anderen Tiere des Waldes reagiert, als sie sahen, dass Luna nichts passiert war?

Was hat Dir an der Geschichte besonders gut gefallen?

———————— ♥ ♥ ♥ ————————

- Was können wir aus der Freundschaft zwischen Luna und dem Drachen über Vorurteile und Missverständnisse lernen?

- Warum ist es wichtig, den Dingen auf den Grund zu gehen, bevor man ein Urteil fällt?

- Wie hat die Geschichte gezeigt, warum der Drache Feuer gespuckt hat und alle Tiere lange Zeit Angst vor ihm hatten?

In welchem Bereich Deines Lebens
fühlst Du Dich wirklich zu Hause?

_____

_____

_____

_____

_____

_____

_____

_____

_____

_____

_____

_____

_____

_____

- Was fühlst Du, wenn Du an das kleine Reh denkst? Gibt es Parallelen zu Deinem Leben?

- Wie hat sich der Drache verändert, nachdem er Freunde gefunden hat?

- Welche Rolle spielt die Lichtung im Leben der Tiere am Ende der Geschichte?

Nach welchem kreativen Ausdruck sehnst Du Dich? Womit würdest Du gerne Deine Zeit verbringen?

- Hattest du schon einmal Angst vor etwas oder jemandem, nur um später festzustellen, dass es unbegründet war? Erzähle davon.

- Wie gehst du mit deinen eigenen Vorurteilen um? Hast du schon einmal jemanden falsch eingeschätzt?

- Hattest du jemals das Gefühl, missverstanden oder isoliert zu sein? Wie bist du damit umgegangen?

Was würdest Du gerne Neues ausprobieren?

- Was würde der Drache in Deiner Welt sagen, wenn er seine Geschichte erzählen würde?

- Wie könntest Du erste Kontaktschritte zu etwas oder jemandem herstellen, vor dem Du Angst hast?

- Was ist für Dich der wichtigste Schritt, um Deine eigene Angst zu überwinden?

- Wann hast du das letzte Mal den Mut gefunden, etwas Neues auszuprobieren? Was ist daraus geworden?

Was machst Du, wenn Du mal vor etwas Angst hast?

- Wie reagierst Du auf andere, die Dich vor etwas warnen, dass Du gerne ausprobieren möchtest?

- Was hat Dich motiviert, trotz der Befürchtungen von anderen weiterzumachen?

- Wie kannst du in deinem täglichen Leben mutig sein, um Missverständnisse auszuräumen?

- Wie kannst du in deinem Umfeld einen Beitrag dazu leisten, dass es ein friedlicherer und glücklicherer Ort wird?

Welche Vorurteile kennst Du aus Deiner Herkunftsfamilie oder Deinem Umfeld?

- Hast Du schon einmal erlebt, dass jemand anders wurde, nachdem er Freunde gefunden hat oder Unterstützung erhielt? Erzähle davon.

- In welchen Situationen kannst du mutiger sein und Dich Deinen Ängsten stellen?

- Wie kannst Du dazu beitragen, Vorurteile in Deinem Leben abzubauen?

- Welche Ängste oder Sorgen hast Du, die Dich davon abhalten, neue Abenteuer zu erleben und etwas Neues zu wagen?

- Erinnere Dich an eine Zeit, als Du mutig warst. Wie hast Du Dich dabei gefühlt?

- Welche Blumen würdest Du auf Deiner eigenen Lichtung pflücken? Was würdest Du gerne erschaffen?

- Was macht einen Ort für Dich schön oder einladend?

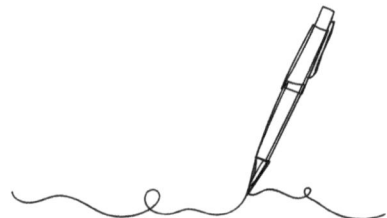

Wer sind Deine besten Freunde?
Unterstützen sie Dich in den Bereichen,
die Dir am Herzen liegen?

Beschreibe einmal Deinen eigenen Drachen:

**Was hält Dich davon ab,
kreativ und schöpferisch
tätig zu werden?**

Gibt es etwas, was Dir Sorgen bereitet?

Was kann die Sorgen wieder vertreiben?

Hast Du Wünsche,
die noch nicht in
Erfüllung gegangen sind?

1.

2.

3.

Male Deinen grössten Wunsch:

Was macht Dich glücklich?
Schreibe alles auf:

- Wie kannst Du Deine Ängste in Mut umwandeln?

- Was bedeutet es für Dich, sich selbst Vertrauen zu schenken?

- Wie fühlst es sich an, Dich von der Meinung anderer zu befreien?

- Welche Botschaft könnte das Reh an andere Tiere im Wald senden?

Was macht Dich glücklich?
Male ein Bild oder gestalte eine Collage:

- Siehst Du Dich selbst manchmal in einem negativen Licht? Wie kannst Du das ändern?

- In welchen Situationen hast Du schon einmal falsch geurteilt oder voreilig gehandelt?

- Was bedeutet es, wahrhaftig zu sein?

- Wie gehst Du mit Traurigkeit oder Enttäuschungen um?

- Was sind die ersten Schritte, die Du machen kannst, um neue Erfahrungen anzugehen?

- Was würdest Du über Dich selbst lernen, wenn Du Deine Ängste überwindest?

- Wie wichtig ist Gemeinschaft für Dich?

- Was würde Dein inneres Kind Dir raten, wenn Du über Deine Ängste nachdenkst?

- Hier ist ein Ort, an dem sich alle sicher fühlen. Wo ist Dein sicherer Ort?

- Was würde passieren, wenn Du einfach Du selbst bist?

- Wie reagierst Du , wenn Du ablehnende oder ängstliche Reaktionen von anderen spürst?

- Was bedeutet für Dich Mut in Deinem täglichen Leben?

- Was tust Du, um Dein inneres Kind zu nähren und zu schützen?

- Welche Geschichte aus Deiner Kindheit möchtest Du neu erzählen?

- Wie fühlt sich der Kontakt zu einem anderen Wesen an, das auch verletzt und traurig ist?

- Welche Träume und Ziele hast Du für die Zukunft, die Du erreichen möchtest?

- Was wäre ein kleiner, täglicher Schritt, den Du machen könntest, um die Sichtweise auf das „Unbekannte" zu ändern?

Ich hoffe, die Fragen konnten Dir helfen, tiefere Einsichten zu gewinnen und Dich emotional von begrenzenden Gedankenmustern zu befreien.

Wie kannst Du Dir selbst eine Freude machen?

_____

_____

_____

_____

_____

_____

_____

_____

_____

Gibt es andere,
denen Du ebenfalls eine Freude machen möchtest?
Glück vergrößert sich,
wenn wir es teilen.

Teil II:
Das erwachsene Bewusstsein

Von der Welt des inneren Kindes
in die Welt des Erwachsenen

Eines sollten wir uns vergegenwärtigen. Wir alle wurden in die Vorstellungen unserer Eltern hineingeboren und waren zunächst einmal dazu gezwungen in diesen Vorstellungen zu leben, unabhängig davon, ob diese Vorstellungen nun gut oder schlecht waren, ob sie der Wirklichkeit entsprachen oder nicht.

Wir waren abhängig. Wir waren diesen Eltern auf Verdeih und Verderb ausgeliefert. Unser Überleben war von diesen Menschen abhängig. Kein anderes Säugetier in der Natur befindet sich solange in der Obhut und Abhängigkeit zu seinen Eltern. Die meisten Tiere sind bereits nach kurzer Zeit eigenständig und können ohne ihre Eltern leben und vor allen Dingen überleben. Nicht so der Mensch. Ganze achtzehn Jahre oder länger lebt ein Mensch unter der Regie seiner Eltern. Manche sogar ein ganzes Leben lang.

Er wächst in deren Vorstellungen und Glaubenssysteme hinein. Er ahmt sie nach und übernimmt viele ihre Verhaltensweisen so wie es die Natur jedes heranwachsenden menschlichen Wesens vorsieht. Er tut was nötig ist, um versorgt zu werden und zu überleben.

Ob es ein glückliches, wohltuendes und gesundes Leben ist, ist eher zweitrangig. Erst wenn wir älter geworden sind und unzufrieden und unglücklich in unserem Leben, fangen wir an, unsere Herkunft einmal gründlich zu beleuchten.

Und das zurecht! Denn die ersten Jahre haben uns geprägt und zu dem gemacht, der wir heute sind.

Und wenn uns nicht das "Sönnchen aus dem Allerwertesten" scheint, ist es auf jeden Fall sinnvoll, eine Inventur unseres Lebens in Betracht zu ziehen.

Fangen wir also an...

Wir beginnen unsere Reise mit einem kurzen Einblick in die Welt und dem Erleben aus der Perspektive des Kindes, das wir einmal waren.

Mondlicht

In der Welt des Vergessens herrschte finsterste Nacht. In diese Dunkelheit wurde eines Nachts zur Zeit der stürmischen Winde, kurz bevor der Frühling naht und die Natur zu neuem Leben erwacht, ein kleines Mädchen geboren. Doch noch war es bitterkalt und der Wind zischte eisig um die Häuser und rappelte an losen Dachpfannen und rostigen Regenrinnen. Unter dem Donnergrollen des Himmels erblickte sie das künstliche, eiskalte Licht des Krankenhauses „Mary Help" in der Stadt Newriver am Fuß eines Vulkans in einem Land, durch das eine Mauer lief, die Ost und West voneinander trennte.

Das kleine Mädchen bekam den Namen „Karlotta Quirt". Dieser Name hatte die Bedeutung: „die Freiheit vorantreiben", aber das wußte das kleine Mädchen in diesem Augenblick natürlich nicht und würde es auch lange Zeit danach nicht erfahren, denn niemand in dieser Welt schien sich für die tiefe Bedeutung, die hinter all den Dingen verborgen liegt, zu interessieren.

Als Karlotta größer wurde, wunderte sie sich sehr über das, was sie sah. Im Bauch ihrer Mutter hatte sie die Lieder einer Musikkapelle aus vergangenen Tagen gehört, den Beatles. Die Presse aus dem Vereinigten Königreich bezeichnete die vier Mitglieder der Band auch gerne als die vier Wischmöppe wegen ihrer eigenartigen Frisuren. Jedes ihrer Lieder handelte von der Liebe. Und für die Liebe war Karlotta schließlich auf die Erde gekommen.

Raus aus dem Bauch konnte sie aber keine Liebe auf der Welt entdecken. Die Menschen waren mehr tot als lebendig. Sie starrten in Flimmerkisten, standen in Supermarktschlangen, aßen so viel nährstoffarme Füllwatte bis sie sich hinlegen wollten und trugen bei alldem am liebsten Hosen mit so einem elastischen Bündchen.

Karlotta versuchte ihre Flügel auszubreiten, um so frei wie ein Vogel zu sein, und zu fliegen wohin sie wollte. Aber sie mußte schon sehr bald feststellen, daß die Menschen in ihrer Welt sie daran hinderten, und all ihre Bemühungen zunichte machten. Warum das so war, das wußte sie nicht. Es war eben so.

Der Feuersalamander

Wenn Du wirklich nach Hause willst,
mußt Du zuerst den Weg zurück gehen,
den Du gekommen bist.

Karlotta war vier Jahre alt, als sie in der Hofeinfahrt ihrer Großeltern stand in ihrer weinroten Cordlatzhose und ihrem geflochtenen goldblonden Zopf, der trotz ihres jungen Alters bereits eine beachtliche Länge vorwies. Sie trug ihre neuen weißen Riemchensandalen, die sie am Vortag bekommen hatte. Und das war gut so, denn sie mußte sich sehr oft am Riemchen reißen. Auf dem Schild des Schuhladens war so ein merkwürdiges schwarz-gelb geflecktes, glibschig glänzendes Tier abgebildet gewesen mit zwei Beinen an jeder Seite des Körpers.

Hätte sie ahnen können, was es mit diesen Schuhen auf sich hat und welcher Weg von nun an vor ihr lag, sie hätte sich sicherlich zu Tode gefürchtet, wie jeder von uns.

Aber da sie es nicht wußte, war sie sehr guter Dinge an diesem Nachmittag um halb vier. Sie war ganz aufgeregt, weil sie zum allerersten Mal ihren Flugdrachen mit nach draußen nehmen durfte. Der sah aus wie ein riesengroßes Tagpfauenauge, ein Schmetterling mit roten Flügeln und einem blauen Augenfleck am Rand auf jeder Seite seiner beiden Flügel.

Den wollte sie jetzt fliegen lassen. Huih! Eine kleine Windböe kam von hinten und hob den Schmetterling sofort in Windeseile nach oben in die Lüfte. Die Leine zog kräftig in Karlotta's Händen, aber sie hielt sie sorgfältig fest, damit sie auf keinen Fall mitsamt dem Schmetterling davon fliegen konnte. Der Schmetterling segelte nun friedlich vor ihr hin und her, und es bereitete ihr eine unbändige Freude, ihm dabei zu zusehen.

Doch das Vergnügen währte nicht sehr lange. Ihr Onkel, mit dem sie bei der Oma unter einem Dach lebte, kam gerade die Hofeinfahrt herunter geschlendert. Er sah sie mit ihrem Flugdrachen und grinste schon ganz breit vor Schabernack. Er war gerade achtzehn geworden und hatte eigentlich die meiste Zeit nichts als Flausen im Kopf.

Karlotta ahnte nichts Gutes, als sie ihn auf sich zukommen sah. Sie fürchtete bereits um ihren schönen Schmetterlingsdrachen. Und sie würde recht behalten. Er ging nun zügig auf sie zu, stellte sich hinter sie, griff sich die Schnur von dem Drachen einen Meter über ihrem Kopf, schließlich war er im Vergleich zu Karlotta riesenhaft groß, und zog den Schmetterling einfach mit einem einzigen Ruck runter vom Himmel. Karlotta versuchte noch zu protestieren:„Nein!", rief sie. „Nicht!" Aber es nützte alles nichts.

Er griff sich erst den Schmetterlingsdrachen, dann nahm er ihr noch die Seilwinde aus den Händen, die sie mit festem Griff versucht hatte zu umklammern, und hüpfte danach mit dem Drachen wie ein Affe über den Boden, schnitt Grimassen und kratzte sich mit der rechten Hand auf dem Kopf und mit der anderen Hand unter seinem linken Arm wie ein Pavian. Fehlte nur noch ein roter Arsch. Aber rot war er nicht. Er hatte nämlich eine blaue Hose an, die er immer in der Werkstatt trug, wenn er an den Autos herumschraubte. Seine Fingernägel waren eigentlich immer schwarz vom Maschinenöl.

Karlotta sah ihn noch einmal mit einem finsteren Blick an. Dann ging sie rüber zu dem kleinen Mäuerchen, welches das Grundstück zum Nachbarn sichtbar abgrenzte, setzte sich darauf, schmollte, und zog erst einmal eine ordentliche Schnute. „So was Blödes. Warum muß er mir immer alles kaputt machen?!", dachte sie bei sich. Aber sie konnte nichts machen. Sie war einfach noch viel zu klein im Vergleich zu ihm. Sie konnte nur abwarten bis er sie irgendwann wieder in Ruhe ließ und sich von dannen trollte. Meistens verzog er sich immer nach einer Weile. Nur heute nicht. Er merkte, daß sie nicht mehr zu ihm rüber sah, und stand auf. Sie schaute ihm aus ihren Augenwinkeln heimlich zu, wie er zu seinem Wagen rüber ging, der vor dem Garagentor parkte, und den Kofferraum öffnete. Karlotta dachte:„Na endlich beschäftigt er sich wieder mit was anderem." Aber da hatte sie sich geirrt. Sie wollte gerade von dem Mäuerchen aufstehen und zurück zu ihrem Schmetterlingsdrachen gehen, der mittlerweile ganz kläglich zusammengesunken auf dem Schotterboden in der Einfahrt lag.

Da drehte ihr Onkel sich plötzlich vom Kofferraum seines Wagens herum und rannte in Windeseile auf sie zu. Er kam, schnappte sie, warf sie über seine Schulter und rannte zurück zu seinem Wagen. Karlotta schrie vor Panik, und versuchte sich an den Hosenträgern seiner Blaumann Hose am oberen Rücken festzuklammern. Es fühlte sich so an als könnte sie jeden Moment kopfüber nach unten fallen. Ihr Onkel lachte ganz laut: „Haha", rief er schallend. „Jetzt hab' ich dich!"

Dann steckte er sie in den Kofferraum seines Wagens und schlug die Klappe zu. Sie hörte wie über ihr der Riegel ins Schloss fiel. Es wurde schlagartig pechschwarz und zappenduster. Karlotta stockte der Atem. Draußen hörte sie das höhnische Lachen ihres Onkels. Erst laut, dann immer leiser. Seine Schritte entfernten sich vom Wagen. Dann war es auf einmal mucksmäuschenstill.

Wahrscheinlich war er einfach zurück in die Werkstatt gegangen. Und sie lag hier in vollkommener Dunkelheit im Kofferraum. Alleine würde sie hier niemals rauskommen. So viel war sicher. Da half nur beten und abwarten. Ihr war ganz schlecht vor Angst. Es roch nach Benzin und den alten Turnschuhen ihres Onkels, die leider direkt neben ihrem Kopf standen. Sie versuchte in der Dunkelheit irgendetwas zu erkennen, aber kein einziger Lichtstrahl fiel von außen in das Auto hinein. Es kam ihr vor wie eine Ewigkeit als sie endlich auf dem Balkon hoch über ihr, unter dem der Wagen stand, plötzlich Schritte und dann das Klappern von Blumentöpfen hörte. Das mußte wahrscheinlich ihre Oma sein, die sich um ihre rosaroten Geranien kümmerte, und die sich jetzt sicherlich wunderte, warum Karlotta im Hof nirgendwo zu sehen war. „Oh je, hoffentlich gab das keinen Ärger." Das hatte ihr gerade noch gefehlt. Die Oma war immer gleich sehr aufbrausend, wenn man ihr nicht gehorchte. Und sie hatte Karlotta schließlich mehr als einmal eindringlich gesagt, daß man sie immer vom Küchenfenster aus sehen muß, wenn sie unten im Hof spielt.

Was sollte sie jetzt bloß tun? Bevor sie versuchen konnte, sich im Kofferraum irgendwie bemerkbar zu machen, schrie die Oma bereits lautstark von oben herunter: „Karlotta, wo bist Du? Karlotta? Kaaaarlottttaaaaa!!" Ohne Atempause schrie sie als nächstes nach ihrem Sohn, Karlotta's Onkel: „Helmstan! Heeeelmstaaan!!! Wo steckt das Kind?!" Der Onkel kam langsam aus der Garage geschlurft und guckte wie ein Unschuldslamm zu ihr nach oben zum Balkon. Zum Glück konnte sie auch aus der Entfernung sein unverschämtes Grinsen erkennen und begann sofort fuchsteufelswild los zu keifen: „Helmstan, was hast du wieder gemacht?! Du weißt doch, wo sie ist! Lüg'mich nicht an! Wenn ich runter kommen muß, werde ich dir die Leviten lesen!"
Helmstan grinste noch ein bißchen breiter als vorher. Er wußte, daß er von seiner Mutter, Karlotta's Oma, nichts zu befürchten hatte.

Schließlich war er ihr absoluter Liebling in der Familie. Mit Abstand weit vor seinen beiden Schwestern. Immer noch königlich amüsiert, schlappte Karlotta's Onkel zum Wagen und öffnete die Kofferraumklappe, zog Karlotta an ihren Armen heraus, und stellte sie auf den Boden neben das Auto. Karlotta konnte kaum etwas sehen, weil es von einer auf die andere Sekunde so außerordentlich hell geworden war, nachdem sie vorher im finsteren Kofferraum gelegen hatte. Sie blinzelte nach oben zum Balkon. Zu laufen traute sie sich noch nicht, denn da sie noch nichts deutlich erkennen konnte, würde sie vielleicht gegen irgendetwas stoßen und am Schluß noch hinfallen. Das wollte sie sich ersparen. Ihre Oma schrie voller Entrüstung ihren Sohn an: „Bist du denn von allen guten Geistern verlassen, Karlotta in deinen Kofferraum zu sperren! Was soll das denn? Du spinnst doch!" Aber er zuckte nur desinteressiert mit den Schultern und trollte sich von dannen, zurück in die Werkstatt. Die Oma rief ihm noch etwas Entzürntes nach, obwohl er bereits in der Garage verschwunden war, dann schaute sie zu Karlotta und sagte: „Komm hoch und bring deinen Drachen mit."

Das war's. Karlotta's Ausflug war hiermit nicht nur vom Onkel versaut, sondern auch noch von der Oma frühzeitig beendet worden. Enttäuscht griff sie nach dem Schmetterlingsdrachen, der trostlos am Boden lag, und zog ihn hinter sich her die Treppen nach oben in die Wohnung.

„Was für ein blöder Nachmittag", dachte sie. Wie so oft. Oben bei der Oma angekommen, schickte diese sie sofort ins Bett: „Leg'dich doch ein Stündchen hin. Du bist sicher müde.".

Widerworte waren zwecklos. Das wußte Karlotta schon aus Erfahrung. Dabei war sie überhaupt nicht müde. Kein bißchen. Als sie so hellwach in ihrem Zimmer auf dem Bett lag, und das Sonnenlicht durch den winzigen Spalt in der Jalousie fiel, tauchte plötzlich aus dem Schatten ihres Kleiderschrankes ein großes dunkles Tier auf.

Es stand wie ein Mensch auf zwei Beinen und stellte sich ihr höflich vor: „Hallo ich bin ein Salamander", sagte es zu ihr. Es sah genau so aus wie das Tier, das sie auf dem Schild vor dem Schuhladen gesehen hatte. Der Salamander begann ihr etwas zu erzählen, und sie hörte aufmerksam zu. Irgendwie kam es ihr gar nicht so ungewöhnlich vor, daß er plötzlich in ihrem Kinderzimmer auftauchte. Sie hatte schon öfters so etwas erlebt. Ob den anderen Menschen auch so etwas passiert? Ihre Oma hatte sie noch nie mit einem Tier sprechen sehen. Höchstens mit der Nachbarskatze, und der hatte die Oma auch nur nachgeschrien, sie solle sich sofort trollen, aber dalli, sonst knallt's! Am besten sie würde sie gleich mal fragen.

Karlotta sprang aus dem Bett und rief dem Salamander nur zu: „Warte mal kurz, ich komme gleich wieder!" Aufgeregt rannte sie zur Oma und erzählte ihr von dem Besuch des Salamanders in ihrem Kinderzimmer. Die Oma erwiderte sofort: „So ein Quatsch! Das hast du nur geträumt!" Karlotta war hellwach, und wußte, daß sie keinen einzigen Moment geschlafen und noch weniger geträumt hatte.

Aber da niemand etwas davon wissen wollte, was sie gesehen und erlebt hatte, hörte sie auf davon zu erzählen. Und als sie eines Morgens aufwachte, hatte sie es sogar selbst vergessen. Sie verstand diese Welt einfach nicht. Aber was sollte sie machen? Sie war ja noch so klein. Nicht mal die Oma hörte ihr zu.

Frage Dich einmal:

Hast Du wie der kleine Zauberer Harry Potter, der unter der Treppe bei seinem garstigen Onkel haust, vielleicht auch Deine schöpferischen Fähigkeiten vergessen?

Vergessen, wer Du wirklich bist, weil Du als Kind so viele Begrenzungen erfahren hast, bis Du angefangen hast zu glauben, daß Du keine Kräfte und Fähigkeiten hast?

Oder hast Du die Erfahrung gemacht, daß das, was Du der Welt zu geben hattest, niemanden interessiert hat?

Sowohl der Feuersalamander als auch der Schmetterling sind Tiere, die als Botschaft, den Weg der Wandlung, Veränderung und Transformation ankündigen, wenn sie Dir begegnen.

Wenn wir den Weg der Wandlung durch das Feuer gegangen sind, sind wir nicht mehr die, die wir einmal waren. Wir selbst sind verwandelt worden und sehen danach die Welt mit anderen Augen.

Familie

Die etymologische Bedeutung des Wortes *Familie* wird nun den einen oder anderen vermutlich in blankes Entsetzen versetzen. Aber es ist wohl endlich an der Zeit, den Mythos von der vermeintlichen „Friede, Freude und Eierkuchen" - Vorstellung der Familie zu entlarven.

Die lateinischen Begriffe *famulus* und *famula* bedeuteten „Haussklave", „Diener" bzw. „Sklave", „Dienerin", bzw. „Sklavin".

Die Begriffe familia und die zugehörige soziale Zentralposition des pater *familiar* waren Herrschaftsbezeichnungen, die Machtverhältnisse anzeigten:

- Sklavengesinde; d.h. die Sklaven und abhängigen Freigelassenen einer Hausgemeinschaft (häufigste alltägliche Begriffsverwendung)

- Sämtliche Personen, die unter der Gewalt des pater *familias* standen (Ehefrau, Kinder, ggfs. Enkel, Sklaven, Freigelassene)

Der Einfluss der Familie auf unser Leben

Die Familie hat einen erheblichen Einfluss auf die seelische Entwicklung eines Individuums, besonders wenn sie belastend ist. Hier sind einige Aspekte, die die Bedeutung und die Auswirkungen einer belastenden familiären Umgebung beleuchten:

Grundlagen von Beziehungen

Die Familie ist oft das erste soziale Umfeld, in dem ein Individuum lernt, Beziehungen zu gestalten. Belastungen in der Familie können zu einem negativen Verständnis von Beziehungen führen, was sich auf spätere Freundschaften und romantische Partnerschaften auswirken kann.

Emotionale Sicherheit

Ein familiäres Umfeld, das von Konflikten, Missbrauch oder Vernachlässigung geprägt ist, kann das Gefühl der emotionalen Sicherheit untergraben. Das Fehlen von Unterstützung und Verständnis kann zu Angst, Unsicherheit und einem geringen Selbstwertgefühl führen.

Bewältigungsmechanismen

Menschen, die in belastenden Familiensituationen aufwachsen, entwickeln oft spezifische Bewältigungsmechanismen. Diese können sowohl positiv (Resilienz, Problemlösungsfähigkeiten) als auch negativ (Vermeidung, Rückzug) sein, was die seelische Entwicklung beeinflussen kann.

Identitätsentwicklung

Die Erfahrungen, innerhalb der Familie prägen die Identität. Belastungen können dazu führen, dass Individuen Schwierigkeiten haben, ein positives Selbstbild zu entwickeln oder eine klare Vorstellung von ihrer eigenen Identität zu entwickeln.

Psychische Gesundheit

Eine belastende familiäre Situation kann das Risiko für psychische Probleme wie Depressionen, Angststörungen oder posttraumatische Belastungsstörungen erhöhen. Es ist wichtig, diese Risiken ernst zu nehmen und gegebenenfalls Unterstützung zu suchen.

Vorbildfunktion

Eltern oder Bezugspersonen fungieren oft als Vorbilder. Wenn sie in ihrer eigenen emotionalen Regulierung oder in ihren zwischenmenschlichen Beziehungen versagen, können dies negative Lektionen für die Kinder bedeuten.

Resilienz und Wachstum

Auf der anderen Seite können belastende Erfahrungen auch zu persönlichem Wachstum und Resilienz führen. Manche Menschen lernen aus schwiergien Situationen und entwickeln starke Bewältigungsstrategien oder engagieren sich später für positive Veränderungen in ihrem Umfeld.

Insgesamt ist die Beziehung zur Familie ein komplexes Zusammenspiel von positiven und negativen Erfahrungen, das einen tiefgreifenden Einfluss auf die seelische Entwicklung und das Wohlbefinden eines Individuums hat. Es ist wichtig, sich dieser Dynamiken bewusst zu werden, um gegebenenfalls Hilfe und Unterstützung zu suchen, sei es in Form von Therapie, Selbsthilfegruppen oder anderen sozialen Ressourcen.

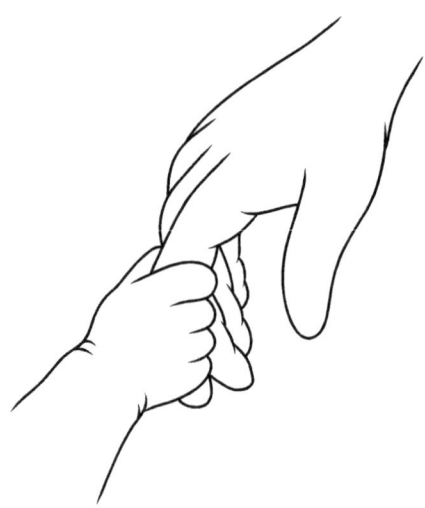

Es ist an der Zeit, Dein inneres Kind an der Hand zu nehmen und es endlich abzuholen, und in das liebevolle Zuhause zu bringen, dass Du dir heute als Erwachsener selbst erschaffen kannst.

Selbstentfremdung und deren schmerzhafte Folgen

Die sogenannte Selbstentfremdung ist eines der größten Hindernisse für ein zufriedenes Leben, an der viele Menschen in unserer Gesellschaft leiden.

Aufgrund unserer frühkindlichen Beziehungserfahrungen in den ersten drei Lebensjahren ist die Selbstentfremdung so schwerwiegend, dass sie uns oft dazu veranlasst, später unpassende Lebenswege zu wählen und dadurch unglücklich zu werden. In einfachen Worten ausgedrückt: Wenn unsere anfänglichen Erfahrungen in der Beziehung zu den Eltern schlecht sind, bilden sich in unserem Gehirn neuronale Darstellungen von Überzeugungen wie „das Leben ist schlecht" und „ich schaffe das nicht".

- „Alles ist gut",
- „ich schaffe das" und
- „die Menschen sind mir im Großen und Ganzen freundlich gesonnen"

sind dagegen die Überzeugungen, die wir entwickeln, wenn wir in Liebe aufwachsen.

.

Man unterscheidet acht typische Beziehungsstörungen, die unterschiedliche Auswirkungen auf das Leben eines Menschen haben.

Mütterlichkeitsstörungen

- *Die Mutterbedrohung:* Die Mutter will das Kind nicht und lehnt es ab. Daraus entsteht ein **bedrohtes Selbst**, ein Mensch, der die Welt ein Leben lang als bedrohlich erlebt und deshalb immer denkt, er müsse sich schützen. Ein solcher Mensch meint, sich durch Gewaltbereitschaft rächen zu müssen.

- *Die Mutterbesetzung:* Die Mutter saugt das Kind aus. Hieraus entsteht das **besetzte Selbst**, bei dem der Mensch sich zurückzieht und später immer befürchtet, ausgenutzt und manipuliert zu werden.

- *Der Muttermangel:* Die Mutter kann dem Kind die notwendige Liebe nicht geben. Hierdurch entsteht beim Kind ein grundsätzliches Minderwertigkeitsgefühl ein **Selbstwertmangel**, da das Kind glaubt, nicht liebenswert zu sein. Ein solcher Mensch ist später dauerhaft liebesbedürftig und hofft, durch Leistung und den Beweis seiner Brauchbarkeit doch noch irgendwie genug Liebe zu bekommen, was jedoch nicht mehr funktioniert.

- *Die Muttervergiftung:* Die Mutter überlagert ihr Kind und sagt ihm, wie es zu sein hat. Es entsteht der **abhängige Mensch**, der ein Leben lang nach Führung sucht und Menschen braucht, die ihm sagen, was richtig und was falsch ist bzw. was er tun und was er lassen soll.

Väterlichkeitsstörungen

- *Der Väterlichkeitsterror:* Der Vater lehnt das Kind ab. Dadurch entsteht ein **gehemmtes Selbst**, bei dem der Mensch Angst davor hat, sich zu entwickeln und über sich hinaus zu wachsen. Gleichzeitig trägt ein solcher Mensch einen unterbewussten Hass wegen der frühen Ablehnung in sich, der ihn potentiell gefährlich machen kann.

- *Die Vatererpressung:* Der Vater sagt seinem Kind, wie es zu sein hat. Es entsteht ein **unterdrücktes Selbst**, weil man ja so sein muss, wie es von einem verlangt wird.

- *Die Vaterflucht:* Der Vater hat kein Interesse an seiner Familie oder dem Kind. Das Kind bleibt passiv im Muttersog und wird bequem. Solche Menschen haben keine Lust auf Anstrengung, wollen sich versorgen lassen und bleiben in der Rolle des **bedürftigen Selbst**.

- *Der Vatermissbrauch:* Der Vater will sein Kind zu etwas ganz Besonderem machen und wird zum Antreiber bzw. Trainer des Kindes. Die Leistung des Kindes ist dabei nie genug, da es immer noch besser gehen könnte. Es entsteht **das nicht genügende Selbst**.

All diese Formen der Selbstentfremdung führen dazu, dass Menschen ihre Eigenart nicht entfalten, sondern den Vorstellungen der Gesellschaft zu entsprechen versuchen und deshalb Lebenswege einschlagen, in denen sie ihre ureigenen Fähigkeiten, Interessen und Bedürfnisse nicht stillen können. Die Folge sind das beständige Gefühl, dass etwas fehlt, ein Erleben von Sinnlosigkeit und Ausgeliefertsein an unangemessene Lebensbedingungen sowie innere Unrast und Angst.

Um diese Gefühle nicht wahrnehmen zu müssen, beginnen wir damit, sie zu kompensieren. Einige der wichtigsten Kompensationen sind dabei die Ablenkung, wie etwa durch die Flucht in Leistung, Hobbies oder Medienkonsum, die Betäubung durch Alkohol und Drogen, sowie die Suche nach Feindbildern, nach jenen, denen wir die Schuld an unserem Unglück in die Schuhe schieben können.

Was aber können wir gegen die Folgen der Selbstentfremdung, die in unserer Gesellschaft ja allgegenwärtig sichtbar sind, tun?

Eine Antwort lautet, frühkindliche Beziehungsstörungen so weit wie möglich zu vermeiden.

Ist der Schaden jedoch bereits entstanden, geht es darum, irgendwann einmal inne zu halten, den Blick nach Innen zu richten, die eigene Selbststörung wahrzunehmen und sich ihr zu stellen. Schließlich ist es nahezu unmöglich glücklich zu werden und ein sinnerfülltes Leben zu führen, wenn wir uns selbst entfremdet haben und ein Leben in Kompensation führen.

Der Lohn eines solchen Vorgehens ist dabei immens. Gelingt es einem Menschen nämlich, die mit der eigenen Selbstentfremdung zusammenhängenden Ängste und destruktiven Überzeugungen zu konfrontieren, kann sich seine Selbstentfremdung allmählich auflösen. Ein solcher Mensch wird wieder fähig, seine Eigenart zu leben, diese zu entwickeln und in der Folge Lebenswege einzuschlagen, die ihn erfüllen und beglücken.

Es ist wichtig, die Ursachen und Formen Deiner eigenen Selbstentfremdung aufzuspüren und besser zu verstehen.

Welche inneren Konflikte und Prägungen, die Du in Deiner Kindheit erworben hast, belasten Dich bis heute?

Emotionale Wunden

Aufgrund Deiner Erfahrungen, die Du in Deiner Herkunftsfamilie gemacht hast, kannst Du an emotionalen Wunden leiden, die sich schädlich auf Dein Leben auswirken. Emotionale Wunden können tiefgreifende Auswirkungen auf Dein Leben und Deine zwischenmenschlichen Beziehungen haben.

Wir unterscheiden zwischen fünf grundlegenden Wunden, lernen diese zu erkennen, verstehen, wie sich diese auswirken und zeigen Ansätze zur Heilung dieser Wunden.

- *Ablehnung*

- *Verlassenwerden*

- *Vertrauensbruch*

- *Ungerechtigkeit*

- *Demütigung*

Ablehnung

Ursache:

- Mangelnde emotionale Verfügbarkeit der Eltern
- Unaufmerksamkeit oder negative Reaktionen auf die Bedürfnisse des Kindes

Fallbeispiel:

- Ein Kind kommt stolz nach Hause, um eine gute Note in der Schule zu zeigen. Die Eltern reagieren jedoch desinteressiert oder abweisend, weil sie mit ihren eigenen Problemen beschäftigt sind. Das Kind fühlt sich abgelehnt und glaubt, dass seine Leistungen und Gefühle nicht wichtig sind.

Auswirkungen:

- Geringes Selbstwertgefühl
- Angst vor sozialen Interaktionen
- Schwierigkeiten, Beziehungen aufzubauen oder zu vertiefen

Heilung:

- *Selbstakzeptanz:* Arbeite daran, Dein Selbstwertgefühl zu stärken, indem Du Dich auf Deine positiven Eigenschaften konzentrierst.
- *Therapie:* Eine Therapie kann helfen, tiefliegende Ängste zu erkennen und zu verarbeiten.
- *Soziale Exposition:* Suche Dir aktiv soziale Kontakte und setze Dich bewusst der Angst vor Ablehnung aus.

Verlassenwerden

Ursache:

- Physische oder emotionale Abwesenheit der Eltern, sei es durch Trennung, Scheidung oder emotionale Distanz.

Fallbeispiel:

- Ein Elternteil verlässt die Familie, um eine neue Beziehung zu suchen, oder ist emotional nicht erreichbar, weil er stark mit seiner Arbeit beschäftigt ist. Das Kind fühlt sich zurückgelassen und entwickelt die Angst, von geliebten Personen verlassen zu werden.

Auswirkungen:

- Vertrauensprobleme in Beziehungen
- Schwierigkeiten, loszulassen oder sich auf neue Beziehungen einzulassen
- Chronisches Gefühl der Einsamkeit

Heilung:

- *Emotionale Verarbeitung:* Erlaube Dir, Schmerz zu fühlen und darüber zu sprechen (z.B. in einem Tagebuch).
- *Gesunde Grenzen*: Lerne, gesunde Grenzen zu setzen und Dich selbst zu schützen.
- *Neue Bindungen:* Arbeite an neuen, positiven Beziehungen, um Vertrauen schrittweise wiederaufzuladen.

Vertrauensbruch

Ursache:

- Unehrlichkeit oder Betrug - z.B., wenn Eltern Informationen verheimlichen oder nicht die Wahrheit sagen.

Fallbeispiel:

- Ein Elternteil hat dem Kind versprochen, dass er zu einem wichtigen Ereignis in der Schule kommen wird. Kurzfristig, sagt der Elternteil ab, ohne eine gute Erklärung. Das Kind fühlt sich hintergangen und kann dem Elternteil nicht mehr vertrauen.

Auswirkungen:

- Misstrauen gegenüber anderen
- Schwierigkeiten, authentische Beziehungen zu führen
- Isolation und Rückzug

Heilung:

- *Vertrauen wieder aufbauen:* Beginne, in kleinen Schritten wieder Vertrauen zu anderen aufzubauen, indem Du Dich auf verlässliche Personen konzentrierst
- *Kommunikation:* Offene und ehrliche Kommunikation über Ängste und Verletzungen kann helfen, Missverständnisse auszuräumen.
- *Therapeutische Unterstützung:* Eine Therapie kann helfen, tiefere Vertrauensprobleme zu adressieren.

Ungerechtigkeit

Ursache:

- Ungleichbehandlung unter Geschwistern oder unfairer Umgang mit dem Kind.

Fallbeispiel:

- In einer Familie erhält ein Geschwisterkind immer die besseren Geschenke oder Aufmerksamkeit, während das andere Kind oft ignoriert wird, egal wie sehr es sich anstrengt. Dieses Gefühl der Ungerechtigkeit führt dazu, dass das benachteiligte Kind Selbstwertprobleme entwickelt und sich als weniger wertvoll empfindet.

Auswirkungen:

- Bitterkeit und Ressentiments
- Hilflosigkeit oder Ohnmachtsgefühle
- Schwierigkeiten, positiv Aspekte im Leben zu erkennen.

Heilung:

- *Loslassen:* Arbeite daran, Groll loszulassen. Dies kann durch Vergebung geschehen, sei es für andere oder für sich selbst.
- *Engagement:* Beteilige Dich an sozialen oder gemeinnützigen Projekten, um das Gefühl der Machtlosigkeit zu überwinden.
- *Selbstreflexion:* Überlege Dir, welche positiven Lektionen aus ungerechten Erfahrungen gelernt werden können.

Demütigung

Ursache:

- Negative Kommentare, Spott oder Kritik der Eltern vor anderen, die das Selbstwertgefühl des Kindes verletzen

Fallbeispiel:

- Ein Elternteil macht häufig abfällige Bemerkungen über die Fähigkeiten des Kindes, etwa beim Sport oder in der Schule, besonders vor Freunden und Verwandten. Dadurch fühlt sich das Kind gedemütigt und eintwickelt ein geringes Selbstwertgefühl sowie Scham über seine Fähigkeiten.

Auswirkungen:

- Scham- und Schuldgefühle
- Geringes Selbstwertgefühl
- Angst vor öffentlicher Anerkennung oder Kritik

Heilung:

- *Selbstfürsorge:* Praktiziere Selbstliebe und Achtsamkeit, um das eigene Selbstwertgefühl zu stärken.
- *Gesunde Selbstbehauptung:* Lerne, Dich in Situationen, in denen Du dich gedemütigt fühlst, selbst zu verteidigen.
- *Professionelle Hilfe:* Ein Therapeut kann helfen, die Auswirkugen von Demütigung tiefergehend zu ergründen und zu bearbeiten.

Allgemeine Ansätze zur Heilung von emotionalen Wunden

- *Therapie:* Psychotherapie kann bei der Bewältigung emotionaler Wunden eine wesentliche Rolle spielen.

- *Selbsthilfegruppen:* Der Austausch mit anderen, die ähnliche Erfahrungen gemacht haben, kann sehr unterstützend sein.

- *Achtsamkeit und Meditation:* Diese Praktiken können helfen, im Moment zu leben und negative Gedankenmuster zu durchbrechen.

Die Heilung emotionaler Wunden erfordert Zeit, Geduld und manchmal auch professionelle Unterstützung. Es ist wichtig, dass Du in einem unterstützenden und wertschätzenden Umfeld wachsen kannst, Dir selbst die Erlaubnis gibst, bei Bedarf Hilfe in Anspruch zu nehmen und an Dir arbeitest, um schließlich den Weg in ein freudvolles Leben zu finden.

Erlernte Hilflosigkeit

Erlernte Hilflosigkeit ist ein psychologisches Konzept, das beschreibt, wie Menschen das Gefühl entwickeln können, die Kontrolle über ihre Lebensumstände verloren zu haben, nachdem sie wiederholt das Gefühl hatten, dass ihre Handlungen keinen Einfluss auf ihre Umwelt haben. Eltern können diese erlernte Hilflosigkeit bei ihren Kindern in verschiedenen Weisen fördern:

- *Erlernte Kontrolle:* Wenn Eltern ihrem Kind nicht die Möglichkeit geben, Entscheidungen zu treffen oder eigene Erfahrungen zu machen, lernt das Kind, dass es nicht in der Lage ist, die Kontrolle über sein Leben auszuüben.

- *Übermässige Kritik oder Bestrafung:* Häufiges Kritisieren oder Bestrafen von Versuchen des Kindes, Probleme zu lösen oder Aufgaben zu bewältigen, kann dazu führen, dass das Kind die Überzeugung entwickelt, dass es in seinen Bemühungen scheitern wird.

- *Schutzverhalten:* Wenn Eltern das Kind ständig vor Herausforderungen schützen, anstatt es dazu zu ermutigen, Risiken einzugehen oder aus Fehlern zu lernen, kann das Kind das Gefühl bekommen, dass es selbst nicht fähig ist, mit Herausforderungen umzugehen.

- *Mangelndes positives Feedback:* Wenn Eltern die Erfolge des Kindes nicht anerkennen oder wertschätzen, kann dieses das Gefühl entwickeln, dass seine Anstrengungen irrelevant sind.

- *Modellierung von Hilflosigkeit:* Kinder lernen oft durch Nachahmung. Wenn sie sehen, dass Eltern in schwierigen Situationen hilflos oder passiv reagieren, nehmen sie diese Verhaltensweisen als normal an.

Auswirkungen auf das Leben des späteren Erwachsenen

- *Geringes Selbstwertgefühl:* Erwachsene, die erlernte Hilflosigkeit erfahren haben, können ein niedriges Selbstwertgefühl haben und glauben, dass sie die Kontrolle über ihr Leben und ihre Entscheidungen nicht haben.

- *Vermeiden von Herausforderungen:* Die Angst vor dem Scheitern, kann dazu führen, dass sie Herausforderungen meiden und Chancen nicht nutzen.

- *Depression und Angst:* Erlernte Hilflosigkeit wird oft mit psychischen Gesundheitsproblemen, wie Depressionen und Angstzuständen, in Verbindung gebracht.

- *Resignation:* Ein Gefühl der Resignation kann die Lebensqualität beeinträchtigen und dazu führen, dass individuelle Träume und Ziele aufgegeben werden.

Wege, sich von erlernter Hilflosigkeit zu befreien

- *Bewusstmachung und Reflexion:* Der erste Schritt besteht darin, sich der erlernten Hilflosigkeit bewusst zu werden und die zugrundeliegenden Glaubenssätze zu hinterfragen.

- *Kognitive Umstrukturierung:* Therapeuten können helfen, negative Denkmuster zu identifizieren und durch positive, ermutigende Überzeugungen zu ersetzen.

- *Kleine Erfolge erzielen:* Indem Du Dir kleine, erreichbare Ziele setzt, kannst Du die eigenen Fähigkeiten stärken und Vertrauen in Deine eigene Handlungskompetenz wiederherstellen.

- *Risiken eingehen:* Zu lernen, dass Misserfolg ein Teil des Lernprozesses ist und dass es in Ordnung ist, Fehler zu machen, kann helfen, die Angst vor dem Scheitern zu reduzieren.

- *Soziale Unterstützung:* Der Aufbau von unterstützenden Beziehungen kann helfen, Selbstvertrauen zu gewinnen und die Fähigkeit zu stärken, mit Herausforderungen umzugehen.

- *Therapie:* Professionelle Hilfe, zum Beispiel durch Psychotherapie, kann sehr effektiv sein, um vergangene Erfahrungen aufzuarbeiten und neue Bewältigungsstrategien zu entwickeln.

Fazit

Erlernte Hilflosigkeit ist ein bedeutendes Konzept, das das Verhalten und die Emotionen von Menschen beeinflussen kann. Verständnis und aktive Maßnahmen zur Überwindung dieser Hilflosigkeit sind entscheidend für die psychische Gesundheit und das Wohlbefinden im Erwachsenenalter.

Die Suche nach Legitimation

Wir suchen als Erwachsene oft noch nach der Erlaubnis im Außen, etwas tun zu dürfen, so wie wir früher als Kind unsere Eltern fragten, ob wir etwas tun oder unternehmen durften. Wir hoffen auch als Erwachsene oft noch, dass jemand im Außen uns grünes Licht gibt und sagt: „Super! Mach' das! Das hört sich toll an!"

Aber so funktioniert es leider nicht. Wir müssen lernen, unsere Entscheidungen selbst zu treffen und natürlich auch das Risiko eingehen, dass wir scheitern, weil vielleicht nicht jede unserer Ideen so toll ist, wie wir es uns erhofften.

Wir müssen lernen an uns selbst und an die gute Sache, die wir verfolgen, zu glauben. Wir müssen immer wieder aufstehen, wenn wir scheitern und es erneut und auf eine andere Weise versuchen bis es endlich klappt.

Kein kleines Kind ist jemals auf dem Boden sitzen geblieben und hat es aufgegeben, laufen zu lernen. Nur wir geben unsere Wünsche oftmals viel zu schnell auf, nur weil es nicht beim ersten Mal gleich so klappt wie erhofft. Das ist schade und traurig zugleich. Viel zu viele Menschen dümpeln in einem Leben vor sich hin, obwohl sie viel lebendiger und glücklicher sein könnten.

Gefangen im Krabbeneimer

Der Vergleich mit den Krabben in einem Eimer ist sehr anschaulich, um zu verdeutlichen, wie das soziale Umfeld den eigenen Veränderungsprozess beeinflussen kann. Wenn eine Krabbe versucht, aus dem Eimer zu klettern, ziehen die anderen sie oft zurück, anstatt sie zu unterstützen. Man versucht aus dem Alten herauszukommen, schafft es aber irgendwie nicht.

Ähnlich kann es in unserem Leben sein: Wenn wir versuchen, uns zu verändern oder neue Ziele zu verfolgen, können uns negative Einflüsse oder Zweifel von anderen (oder sogar von uns selbst) zurückhalten.

Den Krabben-Eimer verlassen

Hier sind einige Schritte, um „den Krabben-Eimer zu verlassen" und Deine neuen Projekte, Vorhaben und Ideen erfolgreich voranzubringen:

- *Selbstreflexion:* Überlege Dir genau, welche Veränderungen Du erreichen möchtest, und warum sie Dir wichtig sind. Klarheit über Deine Ziele gibt Dir eine starke Motivation.

- *Positive Umgebung schaffen:* Suche nach Menschen, die Dich unterstützen. Das können Freunde, Familie oder Gleichgesinnte sein, die ebenfalls Veränderungen anstreben. Umgebe Dich mit positiven Einflüssen.

- *Selbstvertrauen stärken:* Arbeite an Deinem Selbstwertgefühl und Deiner Überzeugung, dass Du es schaffen kannst. Kleine Erfolge können Dein Selbstvertrauen stärken.

- *Konkrete Schritte planen:* Setze Dir erreichbare, kleine Ziele statt eines großen Ziels. Feiere jeden kleinen Erfolg, um motiviert zu bleiben.

- *Negative Einflüsse reduzieren:* Wenn bestimmte Personen oder Umstände Dich zurückhalten, überlege, wie Du den Kontakt verringern oder Dich emotional distanzieren kannst.

- *Ressourcen nutzen:* Nutze Bücher, Podcasts oder Online-Ressourcen, die Dich inspirieren und Dir helfen, Deine neuen Ziele zu erreichen.

- *Geduld haben:* Veränderung braucht Zeit. Sei geduldig mit Dir selbst und erwarte Rückschläge als Teil des Prozesses.

- *Mentoren und Vorbilder suchen:* Finde Personen, die die Veränderung bereits durchgemacht haben, die Du anstrebst. Ihre Erfahrungen können Dir wertvolle Einsichten und Motivation geben.

- *Kontinuierliches Lernen:* Bleibe offen für neues Wissen und neue Fähigkeiten, die Dir helfen können, Deine Projekte voranzubringen.

Indem Du aktiv an Deiner Veränderung arbeitest und Dich mit positiven, unterstützenden Einflüssen umgibst, kannst Du den metaphorischen „Krabben-Eimer" endlich verlassen und Deine Ziele erreichen.

Im Treibsand des Lebens feststecken
Und jetzt?

Das Gefühl, in einem Umfeld gefangen zu sein, das wie Treibsand wirkt, kann viele Ursachen haben. Oftmals kann dies mit toxischen Beziehungen, einem unbefriedigenden Job oder allgemeinen Lebensumständen zusammenhängen, die uns das Gefühl geben, nicht voranzukommen oder in einer Art und Weise eingeschränkt zu sein. Hier sind einige Ansätze, um aus diesem Gefühl herauszukommen und in ein glücklicheres Leben zu gelangen.

Selbstreflexion

- *Identifiziere die Ursachen:* Überlege, welche Aspekte Deines Umfelds oder Lebens alles zu diesem Gefühl des Feststeckens beitragen. Sind es bestimmte Personen, Arbeitsbedingungen oder innere Überzeugungen?

- *Werte und Ziele definieren:* Kläre, was für Dich wirklich wichtig ist. Welche Ziele verfolgst Du? Was macht Dich glücklich?

Grenzen setzen

- *Toxische Beziehungen:* Wenn bestimmte Menschen in Deinem Leben negativ auf Dich einwirken, ist es wichtig, klare Grenzen zu setzen. Manchmal bedeutet das, den Kontakt zu reduzieren oder sogar ganz abzubrechen.

- *Selbstfürsorge praktizieren:* Lerne, für Deine eigenen Bedürfnisse einzutreten und Dich selbst zu priorisieren.

Veränderungen einleiten

- *Kleine Schritte:* Versuche, schrittweise Veränderungen vorzunehmen. Setze Dir realistische Ziele und arbeite aktiv darauf hin.

- *Neues ausprobieren:* Sei es eine neue Freizeitaktivität, ein Kurs oder ehrenamtliche Arbeit - neue Erlebnisse können Dein Denken und Deine Perspektive erweitern.

Unterstützung suchen

- *Freunde:* Rede über Deine Gefühle mit Menschen, denen Du vertraust. Unterstützung und Verständnis von Freunden können wertvoll sein.

- *Professionelle Hilfe:* In Erwägung ziehen, eine Therapie oder Coaching in Anspruch zu nehmen. Ein professioneller Blick kann helfen, Blockaden zu identifizieren und neue Wege aufzuzeigen.

Achtsamkeit und Selbstmitgefühl

- *Meditation und Achtsamkeit:* Praktiken wie Mediation können helfen, inneren Frieden zu finden und bewusst im Moment zu leben.

- *Selbstmitgefühl fördern:* Sei nachsichtig mit Dir und erkenne an, dass jeder Mensch Herausforderungen hat. Akzeptanz ist der erste Schritt zur Veränderung.

Aktives Handeln

- *Proaktiv sein:* Anstatt auf Veränderungen zu warten, ergreife die Initiative. Das kann so einfach sein wie, einen neuen sozialen Kreis zu suchen oder Veränderungen im täglichen Leben vorzunehmen.

Positives Umfeld schaffen

- *Umgebung neu gestalten:* Gestalte Deine physische und soziale Umgebung so, dass sie inspirierend und unterstützend wirkt. Umgib' Dich mit positiven Menschen und inspirierenden Einflüssen.

Fazit

Der Weg aus einem gefühlten Treibsand kann herausfordernd sein, aber er ist möglich. Indem Du aktiv an Dir und an Deinem Umfeld arbeitest, kannst Du die Kontrolle zurückgewinnen und Deinem Glück näher kommen. Es erfordert Geduld und Ausdauer, aber jeder kleine Schritt in die richtige Richtung zählt.

Vorstellung und Wirklichkeit

Dir ist sicher zu Beginn der Geschichte aufgefallen, dass das Bild des Drachen sich im Laufe der Geschichte stark verändert und damit auch die Diskrepanz zwischen Vorstellung und Wirklichkeit zeigt.

Den Unterschied zwischen dem, was wir uns vor-stellen und dem, was uns dann in Wirklichkeit begegnet. Das kleine Reh rechnete zunächst mit einem furchterregenden Drachen, der sein Leben beenden würde. Es hat Todesangst. Und ist dann sehr überrascht, einen ganz traurigen Drachen vorzufinden, der seine eigenen Probleme und Sorgen hat.

Auch unsere Eltern sind oft traumatisierte Menschen, die nichts anderes als ihre eigenen Erfahrungen und Begrenzungen an uns weitergeben konnten.

Es gibt oftmals keine Lösung innerhalb des Problems und der bestehenden Vorstellung, sondern wir müssen größer werden als das Problem und unsere bisherige Vorstellung verändern.

Die Lösung befindet sich immer eine Ebene höher innerhalb einer anderen, neuen Perspektive.

Kollektives Trauma

In einem Labor wurde eine Gruppe von Mäusen einer sehr stressigen und traumatischen Situation ausgesetzt, zum Beispiel durch einen unangenehmen Geruch, der mit einem leichten elektrischen Schlag verbunden war. Die Mäuse lernten schnell, dass der Geruch mit Gefahr verbunden war. Sie reagierten darauf mit Angst und Stress.

Wissenschaftler beobachteten dann die Nachkommen dieser Mäuse. Interessanterweise stellten sie fest, dass die Nachkommen auch dann ängstlich waren und sich gestresst verhielten, wenn sie niemals dem gefährlichen Geruch ausgesetzt waren oder die damit verbundene Erfahrung gemacht hatten. Dies deutet darauf hin, dass die traumatische Erfahrung der Eltern eine Art von Einfluss auf die Gene der Nachkommen hatte.

Man geht heute davon aus, dass durch das Trauma bestimmte chemische Veränderungen in den Genen der Elterntiere entstanden sind, die dann an die Nachkommen weitergegeben werden.

Das Experiment zeigte also, dass traumatische Erlebnisse nicht nur die direkt betroffenen Tiere beeinflussen, sondern auch deren Nachkommen, die sozusagen „das Verhalten" von traumatisierten Eltern übernehmen können, ohne selbst traumatische Erfahrungen gemacht zu haben.

Diese Erkenntnisse haben wichtige Implikationen für unser Verständnis darüber, wie Trauma und Stress in Familien weitergegeben werden können, auch über Generationen hinweg.

Trauma

Starke psychische Erschütterung,
die im Unterbewusstsein noch lange wirksam ist.

Jeder Mensch wird von den Erfahrungen und Sitationen geprägt, die er in seiner Kindheit gemacht hat. Wenn Eltern schwerwiegende oder traumatische Dinge erlebt haben, kann das ihre Sichtweise und ihr Verhalten beeinflussen.

Wenn jemand traumatisierte ist, kann das dazu führen, dass er emotional reagiert oder sich auf eine bestimmte Weise verhält, die nicht optimal für die Kinder ist. Sie könnten manchmal überfordert, ängstlich oder unsicher sein. Viele Menschen haben in ihrer Kindheit nicht gelernt, wie man gut mit Stress oder Problemen umgeht. Daher fehlt es den Eltern möglicherweise an den nötigen Werkzeugen, um mit ihren eigenen Emotionen umzugehen, geschweige denn, um ihren Kindern zu helfen. Die meisten Eltern geben ihr Bestes, auch wenn sie es manchmal nicht gut machen. Ihr Verhalten ist oft das Ergebnis ihrer eigenen Wunden.

Ein gewisses Verständnis für die Hintergründe Deiner Eltern kann Dir helfen, den eigenen Schmerz oder die Verletzungen zu verarbeiten. Verzeihen bedeutet nicht, dass alles in Ordnung ist, sondern dass man erkennt, warum Dinge passiert sind.

Verständnis bedeutet jedoch nicht, dass wir uns dazu zwingen, im Dunstkreis der Eltern bleiben zu müssen, insbesondere dann, wenn uns die Gegenwart der Eltern überhaupt nicht gut tut, wenn sie uns nicht unterstützen oder sogar runterziehen.

Wir dürfen eines nicht vergessen: Wir waren diejenigen, die einmal entschieden haben, in dieses Leben zu inkarnieren. Wir haben eine Wahl getroffen, in welche Umstände wir geboren werden möchten, um bestimmte Lernerfahrungen zu machen. Unsere Entscheidung zu Beginn unseres Lebens ist nicht in Stein gemeißelt, d.h. wir dürfen jederzeit eine neue Wahl treffen. *Wir waren diejenigen, die dieses Lebenskapitel einst begonnen haben...*

Wir sind diejenigen, die es auch beenden dürfen, um ein neues, anderes Kapitel aufzuschlagen...

Keiner kann uns zu einer **Wiederholung** eines alten Kapitels zwingen,
außer **wir uns selbst!!!**
Schenke Dir also selbst die Freiheit!
Keiner zwingt Dich, Zeit mit Menschen zu verbringen,
die Dir nicht wirklich gut tun!

Teil III:
Der Weg in die Freiheit

Eure Kinder

"Eure Kinder sind nicht eure Kinder.
Sie sind die Söhne und die Töchter der Sehnsucht
des Lebens nach sich selber.
Sie kommen durch euch, aber nicht von euch,
Und obwohl sie mit euch sind, gehören sie euch doch nicht.

Ihr dürft ihnen eure Liebe geben,
aber nicht eure Gedanken,
Denn sie haben ihre eigenen Gedanken.
Ihr dürft ihren Körpern ein Haus geben,
aber nicht ihren Seelen,
Denn ihre Seelen wohnen im Haus von morgen,
das ihr nicht besuchen könnt,
nicht einmal in euren Träumen.

Ihr dürft euch bemühen, wie sie zu sein,
aber versucht nicht, sie euch ähnlich zu machen.
Denn das Leben läuft nicht rückwärts
noch verweilt es im Gestern.

Ihr seid die Bogen, von denen eure Kinder
als lebende Pfeile ausgeschickt werden.
Der Schütze sieht das Ziel auf dem Pfad der Unendlichkeit,
und er spannt euch mit seiner Macht,
damit seine Pfeile schnell und weit fliegen.
Laßt eure Bogen von er Hand des Schützen auf Freude gerichtet sein;
Denn so wie er den Pfeil liebt, der fliegt, so liebt er auch den Bogen, der
fest ist."

Khalil Gibran
(* 1883-01-06, † 1931-04-10)

**"Für die Freiheit, die wir erreichen wollen,
müssen wir bereit sein,
die Freiheit zu verteidigen."**

Nelson Mandela

Dieses Zitat verdeutlicht, dass Befreiung und Freiheit oft mit Verantwortung und dem Einsatz für die eigenen Rechte verbunden sind.

"Die beste Freiheit ist die Freiheit des Geistes."

Johann Wolfgang von Goethe

Dieses Zitat weist bereits auf die Bedeutung der inneren Freiheit und der Gedankenfreiheit hin. Aber davon später mehr...

Wie löse ich mich von alten Glaubenssätzen und alten familiären Begrenzungen?

Sich von alten Glaubenssätzen und familiären Begrenzungen zu lösen, kann ein herausfordernder, aber auch ein sehr befreiender Prozess sein. Hier sind einige Schritte, die Du in Betracht ziehen kannst:

- *Selbstreflexion:* Nimm Dir Zeit zur Selbstreflexion, um die Glaubenssätze zu identifizieren, die Du übernommen hast. Frage Dich, welche Überzeugungen Dich zurückhalten oder Dich unglücklich machen.

- *Bewusstsein schaffen:* Werde Dir bewusst, woher diese Glaubenssätze stammen. Häufig sind sie das Ergebnis von Erziehung, kulturellen Einflüssen oder persönlichen Erfahrungen. Das Verständnis ihrer Herkunft kann Dir helfen, sie objektiver zu betrachen.

- *Hinterfragen:* Stelle die Glaubenssätze in Frage. Sind sie wirklich wahr? Wie beeinflussen sie Dein Leben? Was würde passieren, wenn Du diese Überzeugungen loslässt? Schreibe Deine Gedanken auf, um Klarheit zu gewinnen.

- *Neue Überzeugungen entwickeln:* Ersetze negative Glaubenssätze durch positive, unterstützende Überzeugungen. Formuliere diese in der Gegenwartsform, z.B. „Ich bin fähig, meine Ziele zu erreichen." oder „Ich verdiene es, glücklich zu sein." Wiederhole sie regelmäßig.

- *Veränderung der Umwelt:* Umgebe Dich mit positiven, unterstützenden Menschen, die Deinen Wandel fördern. Manchmal ist es hilfreich, den Kontakt zu Personen zu reduzieren, die alte Glaubenssätze verstärken.

- *Therapie oder Coaching:* In vielen Fällen kann Unterstützung durch Therapie oder Lebenscoaching hilfreich sein, um tief verwurzelte Glaubenssätze zu bearbeiten und neue Perspektiven zu entwickeln.

- *Praktische Übungen:* Probiere verschiedene Methoden aus, wie Meditation, Journaling oder kreative Ausdrucksformen, um Deine Emotionen und Gedanken zu verarbeiten und neue Einsichten zu gewinnen.

- *Geduld und Selbstmitgefühl:* Veränderung braucht Zeit. Sei geduldig mit Dir selbst und erkenne an, dass Rückschläge normal sind. Sei freundlich zu Dir selbst und erlaube Dir, Fehler zu machen.

- *Erfolge feiern:* Anerkenne und feiere jeden kleinen Fortschritt, den Du machst. Das kann Dir helfen, motiviert zu bleiben und den positiven Wandel fortzusetzen.

Der Prozess, sich von alten Glaubenssätzen zu lösen, ist nicht immer einfach, aber er kann zu einem erfüllten und selbstbestimmten Leben führen.

Selbsterkenntnis

Erkennst Du Dich selbst,
wird auch das Glück Dich finden,
weil Du endlich im Stande bist,
es Dir selbst zu erschaffen.

Mein wachsendes Bewusstsein ist der Schlüssel zu meinem Glück.

Finde soviel wie möglich über Dich selbst heraus! Ums so mehr Du weißt, was Du wirklich brauchst, um so leichter und klarer, kannst Du beginnen, ein Leben zu gestalten, dass Deinem höchsten Wohl dient.

Finde Deine Lebensmotive

Jeder Mensch hat eine individuelle Zusammensetzung von Lebensmotiven so persönlich wie ein Fingerabdruck. Ich stelle Dir nun sechzehn Lebensmotive (nach Reiss) vor. Im Anschluss wirst Du für Dich herausfinden, welches Deine drei wichtigsten Lebensmotive sind. Sobald Du anfängst nach Deinen ureigenen Werten und Motiven zu leben, entspannt sich auch Deine Lebenssituation und entfaltet sich zum Positiven.

Die 16 Lebensmotive nach Steven Reiss:

- **Macht:** Das Bedürfnis nach Einfluss, Kontrolle und Dominanz über andere.

- **Unabhängigkeit:** Wunsch nach Autonomie und Freiheit, eigene Entscheidungen zu treffen.

- **Neugier**: Drang nach Wissen, Lernen und Entdeckung.

- **Akzeptanz:** Bedürfnis nach sozialer Anerkennung, Zugehörigkeit und Freundschaft.

- **Ehre:** Wertschätzung von Moral, Ehre, Pflichtbewusstsein und Loyalität.

- **Status:** Streben nach Ansehen, Prestige und sozialem Status.

- **Räumliche Ordnung:** Bedürfnis nach Struktur, Ordnung und Planung.

- **Ruhe:** Innerer Frieden, Stille, Erholung

- **Familie:** Priorität auf die Familie, Kinder und familiäre Bindungen.

- **Rettung:** Wunsch zu helfen, Unterstützung zu leisten und für andere da zu sein.

- **Risikoreich:** Suche nach Aufregung, Abenteuer und Herausforderung.

- **Idealismus:** Streben nach einer besseren Welt, Gerechtigkeit und Gleichheit.

- **Sinn:** Bedürfnis nach Sinn, Zweck und spiritueller Erfüllung im Leben.

- **Fangen:** Freude am Spiel, Wettbewerb und sportlichen Aktivitäten.

- **Schönheit:** Vorliebe für Ästhetik, Kunst und das Schöne im Leben.

- **Wohlstand:** Streben nach materiellem Erfolg, Sicherheit und finanziellem Wohlstand.

Die folgenden Fragen können Dir helfen, Deine Prioritäten und Lebensmotive besser zu verstehen und zu reflektieren, welche davon für Dich am wichtigsten sind. Um herauszufinden, welche Lebensmotive für Dich persönlich wichtig sind, kannst Du Dir folgende Fragen für jedes Motiv stellen:

- **Macht:** Wie wichtig ist es für Dich, Einfluss auf andere auszuüben? Fühlst Du Dich wohl, wenn Du Verantwortung übernimmst?

- **Unabhängigkeit:** Wie sehr schätzt Du Deine Autonomie? Wie reagierst Du, wenn Dir jemand vorschreibt, was Du tun sollst?

- **Neugier:** Wie oft suchst Du nach neuen Erfahrungen oder Informationen? Bist Du jemand, der häufig Neues ausprobiert?

- **Akzeptanz:** Wie wichtig ist Dir die Meinung anderer über Dich? Wie fühlst Du Dich in sozialen Gruppen oder wenn Du ausgeschlossen wirst?

- **Ehre:** Welche Rolle spielt Moral in Deinem Leben? Wie reagiertst Du in Situationen, in denen Deine Werte herausgefordert werden?

- **Status:** Wie wichtig ist Dir Ansehen in Deiner Gemeinschaft oder Deinem Beruf? Kümmerst Du Dich um Deinen Ruf?

- **Räumliche Ordnung:** Wie bedeutend ist es für Dich, alles organisiert zu halten? Fühlst Du Dich unwohl in chaotischen Umgebungen?

- **Ruhe:** Sind stille Momente oder Auszeiten für Dich essentiell, um Deine Lebensqualität zu verbessern und Deinen Alltag zu bewältigen? Brauchst Du eine ruhige Umgebung für Dein Wohlbefinden?

- **Familie:** Wie zentral ist Deine Familie in Deinem Leben? Welche Priorität haben familiäre Bindungen für Dich?

- **Rettung:** Wie oft engagierst Du Dich, um anderen zu helfen? Hat die Hilfe für andere Einfluss auf Deine Lebenszufriedenheit?

- **Risikoreich:** Wie oft suchst Du nach Abenteuern oder neuen Herausforderungen? Fällt es Dir leicht, Risiken einzugehen?

- **Idealismus:** Wie wichtig ist es Dir, für eine gerechte oder bessere Welt zu kämpfen? Setzt Du Dich aktiv für gesellschaftliche Themen ein?

- **Sinn:** Wie bedeutend sind spirituelle oder philosophische Fragen für Dich? Welche Rolle spielt der Sinn im Leben in Deinen Überlegungen?

- **Fangen:** Wieviel Spaß hast Du an Wettbewerb oder Spielen? Bist Du der Typ Mensch, der Herausforderungen als Spiel betrachtet?

- **Schönheit:** Wie oft suchst Du nach schönen Erlebnissen oder ästhetischen Dingen? Hat Kunst einen Einfluss auf Dein Leben?

- **Wohlstand:** Wie wichtig sind Dir finanzielle Sicherheit und materielle Güter? Wie oft planst Du Deinen finanziellen Ziele?

Notiere auf der nächsten Seite Deine persönliche Wertung für jedes einzelne Lebensmotiv von 1 = unwichtig bis 10 = sehr wichtig. Dadurch gewinnst Du einen klaren Überblick, welchen Stellenwert die einzelnen Motive in Deinem Leben haben und welche Du unbedingt in all Deinen Lebensumständen berücksichtigen solltest.

Dein Lebensmotiv-Mischpult

Lebensmotive	01	02	03	04	05	06	07	08	09	10
Macht										
Unabhängigkeit										
Neugier										
Akzeptanz										
Ehre										
Status										
Ordnung										
Ruhe										
Familie										
Rettung										
Risikoreich										
Idealismus										
Sinn										
Fangen										
Schönheit										
Wohlstand										

Die Skala von: 1 = unwichtig bis: 10 = sehr wichtig

Das Leben ist ein fortlaufender Prozess. Lerne es zu genießen, immer mehr über Dich selbst herauszufinden, und Dein Leben nach Deinen eigenen Vorstellungen zu gestalten.

Wenn Du Deine wichtigsten Lebensmotive für Dich persönlich herausfinden konntest, hast Du einen wertvollen Kompass, der Dir hilft, geeignete Lebenssituationen zu finden, in denen Deine Werte optimal gelebt werden können. Zudem verstehst Du nun, weshalb sich viele Situationen in der Vergangenheit überhaupt nicht stimmig anfühlen konnten, weil Deine entscheidenden Motive nicht oder zu geringfügig gelebt werden konnten.

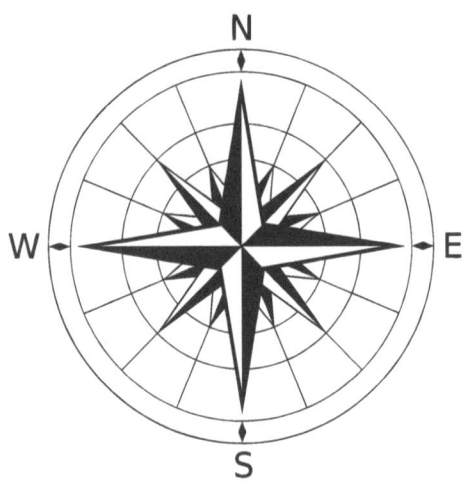

Der Weg aus der Fremdbestimmung in die Selbstbestimmung

Wir leben bisweilen in einer solch tiefsitzenden Fremdbestimmung, dass wir sie überhaupt nicht mehr bemerken, weil wir ja in diese Vorstellungen von anderen Menschen hineingeboren wurden. Ich erzähle Dir hierzu mal eine kleine Fallgeschichte. Es geht um einen Traum.

Und Träume sind ganz hervorragend dafür geeignet unsere tiefen, unbewussten Verstrickungen ans Licht unseres Alltagsbewusstseins zu tragen.

Eine Frau befand sich im Traum in den Wohnräumen ihrer längst verstorbenen Grosseltern. Im Traum kam ihre Vorgesetzte zu ihr und besprach mit ihr ein paar Formalitäten. Danach fuhr die Vorgesetzte in einem roten Auto davon.

Der Traum wirkt auf den ersten Blick vollkommen nichtig und unspektakulär. Es sei denn, wir beginnen die richtigen Fragen zu stellen:

- Warum befindet sich die Frau im Haus ihrer Großeltern, wenn sie etwas bezüglich ihrer Arbeit bespricht?
- Um welchen Job geht es? Was ist der Kern ihrer Arbeit?
- Und was hat das mit ihren Großeltern zu tun?

Der Job, dem die Frau im realen Leben nachgeht, stellt eine soziale Tätigkeit dar, in dem die Frau sich um kognitiv beeinträchtigte Klienten persönlich kümmert und diese in ihrem Alltagsleben unterstützt. Im Grunde genommen ist es genau das, was auch ihre Großmutter tat. Die Großmutter war Hausfrau und Mutter und kümmerte sich persönlich um die Unterstützung ihrer Kinder und Enkelkinder in deren Alltag.

Der Frau wird nach dem Traum zum ersten Mal bewusst, dass sie die **Identität ihrer Großmutter** lebt. So hatte sie das bisher noch nie gesehen. Sie lebt das Leben eines anderen in gewisser Hinsicht nach.

Für die Frau ist dieser Job nur ein notwendiger Brotjob, um ihren Unterhalt zu verdienen. Die Pflichterfüllung steht dabei im Vordergrund..

Sie sehnt sich insgeheim nach einem kreativen Leben in dem sie ihre eigenen Bücher schreiben und gestalten darf. Das Schreiben ist für sie wie die Blumenwiese für das kleine Reh. Es ist ihr Sehnsuchtsort.

Nach welchem kreativen Ausdruck sehnst Du Dich?
Was würdest Du am liebsten tun?

Die Alternative

Wenn die Frau sich nicht mehr konkret und persönlich um einen einzelnen Menschen kümmern möchte, so wie sie es von ihrer Großmutter kannte, ist nun *die wesentliche Frage*, die auch Du Dir stellen solltest:

- *Um was will ich mich stattdessen kümmern?*
- *Um welchen Lebensbereich möchte ich mich gerne kümmern?*
- *Welches „Kümmern" entspricht meiner eigenen Identität und somit meiner Wirklichkeit?*

Die Frau liebt es, in Ruhe allein am Schreibtisch zu sitzen, zu lesen, zu recherchieren, selbst zu schreiben, zu strukturieren, grafisch zu gestalten. Sie möchte sich ganz einfach gesagt am allerliebsten, um ihre eigenen Buchprojekte kümmern. All das, hat sie im Laufe der Zeit für sich herausgefunden, aber sie lebt es noch nicht. Sie glaubt, ihren Job sowie ihr gesamtes Leben irgendwie ertragen zu müssen, so wie sie es seit frühester Kindheit gelernt hat.

Dein erster wichtiger Schritt besteht also darin, Klarheit zu gewinnen, was Du wirklich tun möchtest. Du benötigst eine Alternative bevor Du das Alte, das Du nicht mehr möchtest, loslassen kannst.

Schreibe einmal auf:

- Wie sieht Deine „Blumenwiese" aus?
- Worum möchtest Du Dich am allerliebsten und von Herzen gerne kümmern?

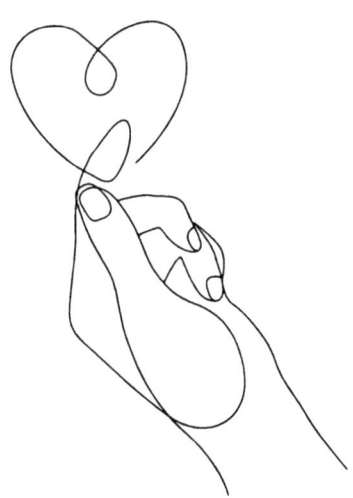

Der Gestalttherapeut Jorge Bucay sagte einmal folgendes: „Natürlich bildet die Geschichte unserer Wunden eine Hürde, aber man muss nicht automatisch zu ihrem Sklaven werden. Ich habe die Wahl, jedes Gebot zu akzeptieren, zu hinterfragen oder es abzulehnen, wenn ich die Folgen dafür in Kauf nehme.

Meine Vergangenheit bleibt nicht unbeteiligt, sie macht einen Teil von mir aus, deshalb bin ich heute derjenige, der Birnen wählt, auch wenn ich die Freiheit hätte, mich für jede andere Frucht zu entscheiden.

Meine Konditionierung besteht darin, häufig das Gleiche zu wählen,
nicht darin, keine andere Wahl zu haben,
das ist ein großer Unterschied."

Inventur

Um eine Lebensinventur in regelmäßigen Abständen kommt keiner drum herum, der glücklich werden, sein oder bleiben will. Wenn wir auf die Welt kommen, übernehmen wir zunächst einmal das, was an uns herangetragen wird.

Spätestens, wenn wir erwachsen sind, sollten wir also prüfen, ob das, was wir von unseren Eltern und dem Umfeld übernommen haben, wirklich uns selbst und unserem höchsten Wohl entspricht. Der Weg in ein heilsames, wohltuendes Leben beginnt immer mit den richtigen Fragen:

Um was will ich mich nicht mehr kümmern?

Mit was möchte ich mich beschäftigen?

Wie hätte ich es gerne?   Was soll gehen?

Um was will ich mich kümmern?

Was will ich nicht mehr?

Mit was möchte ich mich nicht mehr beschäftigen?

Was soll bleiben?

Wie wäre es optimal?

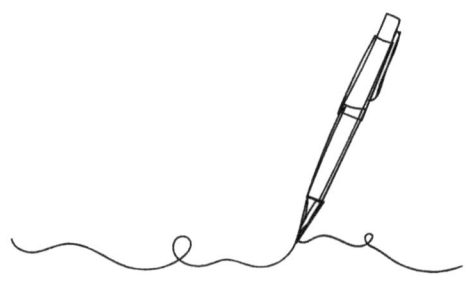

Überlege Dir einmal, was Du möchtest:

Was soll gehen?	Was soll bleiben?	Was soll kommen?
• aktueller Job • Stress • Zeitmangel	• mein Haustier • mein Auto • mein gesunder Lebensstil	• mein eigenes Projekt • Wohnung mit Garten • mehr Sport

Wiederholung

Die Wahrheit ist wie immer einfach:

Wiederhole das,
was Du möchtest,
solange
bis Du es hast.

heißt konkret an ein paar Beispielen:

- Schreibe so lange Bücher, bis Du davon leben kannst.
- Räume auf, miste aus, gestalte Deine Wohnung, bis sie Dir gefällt.
- Trainiere solange, bis Du Dich wohl in Deinem Körper fühlst und Dir gefällt, was Du siehst.
- Lerne solange, bis Du den Stoff beherrschst, um die gewünschte Prüfung zu bestehen.

1. **Werde Dir klar über Dein gewünschtes Ergebnis.**
2. **Was führt zum gewünschten Ergebnis?**
3. **Tue und wiederhole das, was zum gewünschten Ergebnis führt.**

Zusammenfassung

Der Titel dieses Buches könnte genauso so gut lauten:

Befreie Dein inneres Kind von familiären Begrenzungen,
indem Du erwachsen wirst.

Das bedeutet:

1. Gewinne Klarheit über das, was Dir heute **mißfällt.**

2. Gewinne Klarheit über das, was Du **stattdessen** möchtest.

3. **Wiederhole, was Du möchtest,** solange bis Du es hast und mit dem Ergebnis zufrieden bist.

Grundsätzlich:

- **Kümmere Dich um Deine Wünsche und Bedürfnisse selbst.**

- **Verharre nicht mehr im Wartemodus oder hoffe darauf, dass sich schon irgendwie eine Lösung ergeben wird.**

- **Werde aktiv für Dich und Dein Leben.**

- **Erschaffe Dir das Leben und das Zuhause, von dem Du träumst.**

Der Wechsel vom fremden Königreich ins eigene Königreich

Wir alle kennen Märchen wie Aschenputtel oder Schneewittchen. Die Geschichte, dass wir als Dienstmägde und Knechte an fremden Königshäusern unser Brot verdienen müssen, ist so alt wie die Menschheit.

Die Herausforderung, der wir uns stellen müssen, wenn wir uns auf den Weg in unser eigenes Königreich machen, ist es, innerhalb der alten Lebensform immer wieder Tag für Tag zu unseren eigenen Lebensprojekten und Vorhaben und uns selbst zurückzukehren. Manchmal kann es sehr frustrierend sein, wenn wir uns mit Dingen beschäftigen müssen, die für unser Leben keinerlei Bedeutung mehr haben, während wir dabei sind, unsere eigene Lebensform aufzubauen. Und es vergeht in der Regel einige Zeit, bis unser eigenes Lebensprojekt uns auch finanziell trägt.

Es ist ein Weg, auf dem wir jeden Tag einen neuen Baustein für unser Königreich herbeitragen, damit es kontinuierlich wachsen kann.

Lass Dich nicht entmutigen, wenn Du einmal keine Zeit dafür findest, weil das bisherige Leben Dich mit seinen Pflichten und Anforderungen in Beschlag nimmt. Hauptsache, Du verlierst Dein Vorhaben nicht mehr aus den Augen und kehrst so oft es Dir möglich ist zu ihm zurück, um es zu stärken und zu festigen.

*Die Hauptsache ist, Du findest heraus
wie Dein Königreich für Dich aussieht
und machst Dich auf den Weg...*

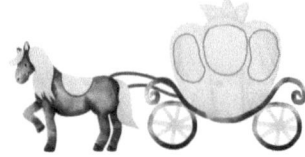

Welche Rollen spielst Du?

Jeder Mensch spielt im Laufe seines Lebens viele verschiedene Rollen. Diese Rollen hängen oft von den Lebenssituationen, Beziehungen und den verschiedenen Aktivitäten ab, die wir ausführen. Man kann sich vorstellen, dass wir wie Schauspieler in einem Theater sind, die verschiedene Charaktere in unterschiedlichen Stücken darstellen.

Hier sind einige Kategorien mit Beispielen für Rollen, die wir im Leben spielen können:

Familienrollen:
- Kind
- Geschwister
- Elternteil
- Großeltern
- Tante/Onkel

Gesellschaftliche Rollen:
- Nachbar
- Ehrenamtlicher
- Mitglied eines Vereins
- Wähler
- Bürger

Berufsrollen:
- Angestellter
- Selbstständiger
- Chef
- Mitarbeiter im Team
- Mentor

Persönliche Rollen:
- Student
- Hobbyschaffender
- Sportler
- Reisender
- Künstler

Freundschaftsrollen:
- Bester Freund
- Vertrauter
- Unterstützer
- Lebensberater
- Spielkamerad

Mentale und emotionale Rollen:
- Träumer
- Denker
- Motivator
- Berater
- Kritiker

Gesundheitsrollen:
- Pfleger
- Ernährungsbeauftragter
- Entspannungsleiter
- Gesundheitsbewusster

Kulturelle Rollen:
- Kulturschaffender
- Reisender
- Sprachenlerner
- Festivalbesucher
- Traditionsträger

Spirituelle Rollen:
- Gläubiger
- Suchender
- Praktizierender
- Lehrer
- Unterstützer in Glaubensfragen

Lern- und Entwicklungsrollen:
- Schüler
- Lehrer
- Mentor
- Forscher
- Selbstentwickler

Weitere Rollenbeispiele:
- Naturfreund
- Technikliebhaber
- Wasserliebhaber
- Umweltschützer
- Leser
- Schreiber
- Geschichtenerzähler
- Zuhörer
- Spieler
- Teamleiter
- Delegierter Verkäufer
- Marktetingexperte
- Finanzmanager
- Projektmanager
- Sicherheitsbeauftragter
- Trainer
- Sportcoach
- Tänzer
- Musiker

- Philosoph
- Sammler
- Hobbykoch
- Gamer
- Wissenschaftlier
- Analyst
- Handwerker
- Fotograf
- Programmierer
- Designer
- Stylist
- Reiseführer
- Geschichtenerzähler
- Liebhaber
- Vertrauter
- Konfliktlöser
- Planer
- Organisator
- Berichterstatter
- Kommentator
- Dozent
- Wellness-Praktikant
- Tierliebhaber
- Nachdenklicher
- Optimist
- Pessimist
- Idealist
- Städter
- Landbewohner
- Abenteurer
- Familienmensch
- Einzelgänger
- Freiheitssucher
- Retter
- Aktivist
- Betreuer
- Bewahrer
- Initiator
- Forscher
- Innovator
- Wegbereiter
- Vorbild
- Unternehmer
- Trendsetter
- Risikomanager
- Verhandler
- Glücksbringer
- Freund
- Helfer
- Ratgeber
- Selbstverwirklicher
- Administrator
- Partner
- Liebespartner
- Geschichtsinteressierter
- Politisch Engagierter
- Technologiefreund
- Klassikliebhaber
- Fan
- Unterstützer
- Anführer
- Gegner

- Kritiker
- Bewahrer
- Freundlicher Nachbar
- Gourmet
- Mitspieler
- Netzwerker
- Entscheider
- Mitläufer
- Strategischer Denker
- Haushaltshilfe
- Koch
- Putzer
- Autofahrer
- Fahrradfahrer

Nimm Dir ein großes Blatt Papier und benenne einmal alle Rollen, die Du in Deinem Leben spielst und liste sie alle auf. Lasse Dir Zeit hierfür. Während Deines Alltags werden Dir vielleicht noch weitere Rollen bewusst.

Um herauszufinden, welche Rollen Du liebst und welche Du eventuell minimieren oder ablegen möchtest, kannst Du folgende Schritte durchführen:

- *Selbstreflexion:* Nimm Dir Zeit, um über Deine verschiedenen Rollen nachzudenken. Was macht Dir Freude? Wo fühlst Du Dich erfüllt?

- *Tagebuch führen:* Schreibe regelmässig auf, in welchen Rollen Du Freude hattest und in welchen Du Dich weniger wohl gefühlt hast.

- *Feedback einholen:* Frage Freunde oder Familie, wie sie Dich in Deinen verschiedenen Rollen sehen. Manchmal bemerken andere Dinge, die Dir nicht bewusst sind.

- *Prioritäten setzen:* Überlege, welche Rollen Dir am wichtigsten sind. Setze klare Prioritäten und konzentriere Dich auf die Rollen, die Du mehr ausleben willst.

- *Ziele setzen:* Definiere konkrete Ziele, um die Rollen, die Dir am Herzen liegen, zu fördern. Das können kleine Schritte sein, um diese Rollen zu intensivieren.

- *Ressourcen nutzen:* Nutze Kurse, Workshops oder Literatur, um Dich in den Rollen weiterzuentwickeln, die Du fördern möchtest.

- *Änderungen ausprobieren:* Sei bereit, neue Rollen zu versuchen und auszuprobieren. Manchmal entdeckt man durch das Ausprobieren neue Leidenschaften.

Wenn Du diese Schritte durchführst, kannst Du besser verstehen, welche Rollen Dir wichtig sind und wie Du Dein Leben entsprechend ausrichten möchtest.

Die Rollen
Deines Lebens

- Trage hier in diese Tabelle doch einmal Deine Lieblingsrollen ein, die Du in Deinem eigenen Leben spielst.
- Und notiere ein paar Ideen und erste Schritte, wie und wann Du ihnen mehr Raum verschaffen kannst:

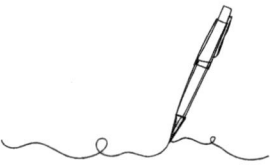

Meine Lieblingsrollen	Was kann ich konkret tun?

Die wahre Essenz von Familie

Die Essenz von Familie kann als Ort der Schöpfung und des Wachstums verstanden werden. In ganz einfachen Worten bedeutet das, dass Familie ein Raum ist, in dem unterschiedliche Kräfte zusammenkommen, um etwas Neues entstehen zu lassen.

Wenn wir von männlichen und weiblichen Kräften sprechen, denken wir nicht nur an Geschlechter, sondern auch an verschiedene Eigenschaften:

- **Männliche Kräfte** stehen oft für *Aktivität, Durchsetzung und Struktur,*

während

- **weibliche Kräfte** für *Empathie, Fürsorge und Kreativität* stehen.

Wenn diese beiden Kräfte in Harmonie zusammenwirken, entsteht eine Balance, aus der *neue Ideen und Möglichkeiten* hervorgehen können - ähnlich wie ein Samen, der in der Erde keimt und schließlich zu einer Pflanze heranwächst.

Das Verständnis dieses Zusammenspiels kann uns helfen, unser eigenes Leben zu gestalten, ohne dass wir unbedingt eine traditionelle Familie gründen müssen. Wir können in unserem Freundeskreis, unserer Gemeinschaft oder in unseren Projekten diese verschiedenen Kräfte nutzen. Jeder kann in seinem persönlichen Leben schöpferisch sein, indem er die Balance von unterschiedlichen Kräften lebt und wertschätzt.

Das Prinzip von Vater, Mutter und Kind kann eine hilfreiche Metapher sein, um verschiedene Aspekte unseres Lebens als Erwachsener zu reflektieren und zu verbessern. Hier sind einige Ansätze, wie Du dieses Prinzip in Deinem Leben anwenden kannst, unabhängig von Deinen Erfahrungen in der eigenen Familie.

Innere Elternheit:

- *Vater - Element:* Dies steht oft für Struktur, Disziplin und Schutz. Überlege, wie Du in Deinem Leben Verantwortung übernehmen und Dich selbst anleiten kannst. Setze Grenzen und Ziele, um Dein Leben zu organisieren und eine stabile Basis zu schaffen.

- *Mutter - Element:* Dies repräsentiert Fürsorge, Nurturing und emotionale Unterstützung. Entwickle die Fähigkeit, Dir selbst Liebe, Mitgefühl und Unterstützung zu geben. Praktiziere Selbstfürsorge und achte auf Deine emotionalen Bedürfnisse.

- *Kind - Element:* Dies steht für Kreativität, Neugier und das Streben nach Freude. Fördere Deine Interessen und Leidenschaften, spiele und entdecke neue Dinge. Erlaube Dir, Spaß zu haben und das Leben zu genießen, ohne Dich selbst zu kritisch zu betrachten.

Selbstreflexion und Wachstum

Nutze das Prinzip als Werkzeug zur Selbstreflexion. Analysiere, wie Du die Qualitäten von Vater, Mutter und Kind in Deinem Leben verkörperst und in welchen Bereichen Du möglicherweise Unterstützung benötigst oder wachsen möchtest.

Beziehungen

Betrachte Deine Beziehungen zu andern durch diese Linse. Welche Rolle spielst Du in Freundschaften oder in romantischen Beziehungen? Versuche, eine Balance zwischen den unterstützenden Eigenschaften dieser drei Archetypen zu finden. Sei sowohl der Unterstützer als auch der Empfänger von Unterstützung.

Heilung aus der Vergangenheit

Wenn Du negative Erfahrungen mit Deiner eigenen Familie hattest, kannst Du die Prinzipien von Vater, Mutter und Kind nutzen, um alternative Perspektiven zu entwickeln. Du kannst Dir selbst die aufbauende elterliche Unterstützung geben, die Dir gefehlt hat, und so beginnen, Wunden zu heilen und die emotionale Resilienz zu stärken.

Zielsetzung

Setze Dir Ziele in Bezug auf Dein „Erwachsenen-Ich" und überprüfe, wie das Gleichgewicht zwischen den verschiedenen Aspekten in Deinem Leben aussieht. Arbeite daran, in jedem Bereich Fortschritte zu machen, sei es durch disziplinierte Planung (Vater), emotionale Achtsamkeit (Mutter) oder kreative Entfaltung (Kind).

Indem Du diese Prinzipien in Dein Leben einbindest, kannst Du ein ausgewogenes und erfülltes Leben führen, das sowohl Struktur als auch Emotionen und Kreativität umfasst.

Hier sind einige hilfreiche Fragen, die Dich anregen können, in jedem dieser Bereiche zu reflektieren und zu wachsen:

Vater (Struktur, Verantwortung, Führung)

- Welche Ziele möchte ich für mein Leben setzen?

- Wie kann ich Verantwortung für meine Entscheidungen und Handlungen übernehmen?

- Was sind die Werte, die ich vertrete und die mir wichtig sind?

- Welche Strukturen oder Routinen brauche ich, um mich sicher und organisiert zu fühlen?

- Wie kann ich meine Zeit effektiv managen, um meinen Verpflichtungen und Zielen gerecht zu werden?

- Was sind die Herausforderungen, denen ich gegenüberstehe, und wie kann ich sie proaktiv angehen?

Mutter (Fürsorge, Unterstützung, Nährung)

- Wie sorge ich für mein emotionales und körperliches Wohlbefinden?

- Welche Praktiken der Selbstfürsorge kann ich regelmäßig in meinen Alltag integrieren?

- Wie kann ich positive und unterstützende Beziehungen in meinem Leben aufbauen und pflegen?

- Wie gehe ich mit Stress und emotionalen Herausforderungen um?

- Welche positiven Affirmationen kann ich nutzen, um mein Selbstwertgefühl zu stärken?

- Was macht mich glücklich, und wie kann ich mehr von diesen Aktivitäten in mein Leben integrieren?

Kind (Wachstum, Neugier, Kreativität)

- Welche neuen Fähigkeiten oder Hobbys möchte ich erlernen oder vertiefen?

- Was interessiert mich wirklich, und wie kann ich diesem Interesse nachgehen?

- Wie kann ich meine Kreativität ausdrücken und entfalten?

- Was habe ich aus meinen bisherigen Erfahrungen gelernt, und wie kann ich dieses Wissen nutzen?

- Wie gehe ich mit Fehlern oder Misserfolgen um, und was kann ich daraus lernen? Wie kann ich den Mut aufbringen, Risiken einzugehen und neue Wege zu beschreiten?

Integration

- Wie kann ich eine Balance zwischen den Bedürfnissen des „Vaters", der „Mutter" und des „Kindes" in mir finden?

- In welchen Bereichen meines Lebens fühle ich mich unsicher? Wie kann ich diese Unsicherheiten angehen?

- Wie kann ich mir selbst gegenüber eine liebevolle und unterstützende Haltung einnehmen, während ich gleichzeitig Verantwortung für mein Leben übernehme?

Die 12 Lebensprinzipien

Gibt es vielleicht einen Elternteil nach dem Du Dich sehnst? Entweder weil Deine Eltern sich haben scheiden lassen oder weil das Elternteil physisch oder emotional nicht für Dich verfügbar war? Und welches Lebensprinzip könnte sich dahinter verbergen?

Der Mensch, der vielleicht aus unserem Leben verschwindet, der Mensch, nach dem wir uns im Außen sehnen, verkörpert genau das Lebensprinzip, welches Deine Seele entwickeln möchte. Nachdem Du begonnen hast, dieses Lebensprinzip im Innern selbst zu entwickeln und zu leben, löst sich Deine Sehnsucht nach dem Menschen, der dieses Prinzip verkörpert auf magische Weise auf.

Das Gleiche gilt allerdings auch für Menschen, die uns unliebsam erscheinen und die wir gerne loswerden würden. Wir müssen genau das in unser Leben integrieren und diese Fähigkeiten entwickeln, die der andere verkörpert. Also möchtest Du zum Beispiel am liebsten Deinen Chef loswerden, dann entwickle am besten die Eigenschaften, die Du brauchst, um Dein eigener Chef sein zu können. Denn der andere ist nur in unserem Leben, weil er Aufgaben für uns übernimmt, die wir bisher nicht selbst übernehmen.

Falls Du das Sternzeichen Deiner Eltern nicht kennst,
hier findest Du eine kleine Übersicht in der Du nachschauen kannst.
Du orientierst Dich hierfür einfach an ihrem Geburtsdatum:

Geburtsdatum	Sternzeichen
21. März - 19. April	Widder
20. April - 20. Mai	Stier
21. Mai - 20. Juni	Zwillinge
21. Juni - 22. Juli	Krebs
23. Juli - 22. August	Löwe
23. August - 22. September	Jungfrau
23. September - 22. Oktober	Waage
23. Oktober - 21. November	Skorpion
22. November - 21. Dezember	Schütze
22. Dezember - 19. Januar	Steinbock
20. Januar - 18. Februar	Wassermann
19. Februar - 20. März	Fische

Welches Sternzeichen haben Deine Eltern?

Daran kannst Du ablesen, welche Lebensprinzipien Du integrieren solltest.

- Das hilft Dir, Dich auf Deine eigene Entwicklung zu konzentrieren.
- und löst Dich von der Person Deiner Eltern ab (Abnabelung).

Es folgen die 12 Lebensprinzipien:

Widder

- Initiative ergreifen
- erneuern
- sich für etwas einsetzen
- in Aktion treten
- fokussieren

Stier

- festigen, was Dir wertvoll erscheint
- sich abgrenzen lernen
- Selbstwert erkennen
- eine eigene Form für sich finden
- sein eigenes Leben gestalten
- eine eigene und geeignete Lebensform finden

Zwillinge

- Anregungen
- Inspirieren
- etwas mit anderen teilen
- das Benennen der Dinge
- Informationsaustausch
- Vielfalt

Krebs

- Einfühlungsvermögen
- Identifikation
- Dir selbst nahe kommen
- Zugehörigkeit zu Dir selbst erkennen
- Themen finden, mit denen Du Dich identifizieren kannst

Löwe

- Dir etwas bewusst machen
- Schöpferkraft
- der Welt zeigen, wer Du bist
- Selbstbewusstsein
- Kreativität
- etwas zum Ausdruck bringen

Jungfrau

- Anpassungen vornehmen
- verwerten von bisherigen Erfahrungen
- modifizieren
- Gesundheit
- Ordnung schaffen
- Nützliches finden
- dem Leben dienen
- sich konstruktiv verhalten

Waage

- in Harmonie kommen
- inneres Gleichgewicht finden
- ausgleichen
- Selbstbild entwickeln
- Frieden
- Gleichberechtigung
- Begegnung
- sich im der Begegnung erkennen
- Wechselspiel
- Betrachtung verschiedener Bilder und Möglichkeiten

Skorpion

- Verbindung zu sich selbst herstellen
- Vorstellung von sich entwickeln
- Entscheidungen treffen
- Auseinandersetzung mit der eigenen Vergangenheit
- erforschen
- in die Tiefe gehen

Schütze

- alte Vorstellungen verändern
- den Horizont erweitern
- bewusst werden
- die Vergangenheit beleuchten, um sie zu verstehen

Steinbock

- sich auf Wesentliches reduzieren
- Selbsterkenntnis
- Selbstgenügsamkeit
- den Boden bereiten
- Disziplin
- Konzentration auf sich selbst richten
- Eigenverantwortung übernehmen

Wassermann

- eigene Wirklichkeit erkennen
- von bisherigen Vorstellungen lösen
- die Vorstellung, die man von sich selbst hat an die eigene Wirklichkeit anpassen
- Objektivität entwickeln
- die Wirklichkeit zeigt sich
- sich distanzieren von vergangenen Vorstellungen
- Abstand nehmen von Altem, um bessere Möglichkeiten zu finden in der Zukunft
- die Vogelperspektive einnehmen in Bezug auf sein eigenes Leben
- überlegen, wie möchte ich es in Zukunft anders machen?

Fische

- loslassen
- sich lösen von gemachten Erfahrungen
- reifen
- anerkennen, was ist
- spirituelles Wachstum
- sich als Seele begreifen, die eine irdische Erfahrung macht
- Zugang zum göttlichen Ursprung in Dir finden
- Platz schaffen für Neues
- sich selbst als Schöpfer seines Lebens erkennen

Sehnsucht kann immer nur innerhalb einer begrenzten Vorstellung existieren. Erweitere Deine Vorstellung und jedes Gefühl der Sehnsucht wird sich in Luft auflösen.

Werkzeug Astrologie

Wenn Du Dir das Werkzeug der Astrologie zunutze machen und vertiefen möchtest, findest Du wertvolle Hinweise auf Deine tiefliegenden, frühkindlichen Konflikte und die daran geknüpften Entwicklungsaufgaben.

Hierzu benötigst Du die Daten zur Erstellung Deines gesamten Geburtsbildes (und nicht nur Deines Sternzeichens).
Zur Erstellung benötigst Du:
- Dein Geburtsdatum
- Deinen Geburtsort sowie
- Deine genaue Geburtsuhrzeit.

(Die kostenlose Erstellung einer Geburtsbild-Grafik ist z.B. auf der Internetseite www.astro.com möglich.)

Hier ein Beispiel, welche Problematiken sich aus dem eigenen Geburtsbild ablesen lassen:

- *Mond-Pluto:* Der kindliche Wunsch, versorgt zu werden, (kommt zustande durch eine Konjuktion, Opposition oder ein Quadrat von Mond und Pluto, durch den Mond im Skorpion oder im achten Haus, sowie Pluto im vierten Haus).

- *Mond-Saturn:* Nicht erwachsen werden wollen, ewig Kind bleiben wollen, (kommt zustande durch eine Konjunktion Opposition oder ein Quadrat von Mond und Saturn, durch einen Saturn im vierten Haus, sowie den Mond im Steinbock oder im zehnten Haus.)

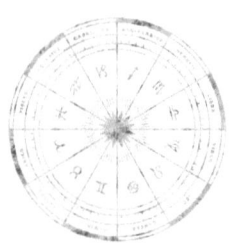

Was möchte Deine Seele lernen?

Die Astrologie ermöglicht es uns, Abstand zu unserem Alltagsbewusstsein zu gewinnen und dafür einmal von oben ganz objektiv auf unser Leben zu schauen. Du kannst an Deinem ureigenen Geburtsbild genau erkennen, was Deine Seele in diesem Leben lernen möchte und somit in welche Richtung es für Dich geht. Hierfür benötigst Du den genauen Stand Deines aufsteigenden Mondknotens (siehe Geburtsbildgrafik).

Das möchte Deine Seele in dieser Inkarnation lernen,
wenn Dein aufsteigender Mondknoten hier steht:

Haus 1 / Widder

- Durchsetzung
- lernen, sich durchzusetzen
- seinen eigenen Weg zu gehen
- sich aus der Gemeinschaft herauslösen
- „ich mache mein eigenes Ding"
- Mut entwickeln, den eigenen Weg zu gehen

Haus 2 / Stier

- Fülle
- Erfahrung von Fülle in Reichtum
- Erfahrung von Fülle in Armut
- Fülle halten
- Fülle leben
- Fülle in allem, was ist zu sehen, zu fühlen, zu leben, überzufließen
- andere daran teilhaben lassen
- aus der Fülle schöpfen und sich darin ausruhen

Haus 3 / Zwillinge

- Kommunikation
- detailliertes Wissen aneignen
- schlichte, einfache Sprache sprechen lernen

Haus 4 / Krebs

- Menschenfamilie
- Kosmische Familie
- sich mit Themen der Familie auseinandersetzen
- sich einfinden in eine Familienstruktur
- Wie fühlt es sich an, von anderen geführt zu werden?
- Mit der eigenen Herzensqualität für andere Menschen da sein

Haus 5 / Löwe

- sich der Welt zeigen in seiner ganzen Strahl- und Lebenskraft
- Zeige Dich als strahlender Mittelpunkt

Haus 6 / Jungfrau

- Alltag bewältigen lernen
- der Welt dienen
- Dienst an der Menschheit
- Im physischen Körper sein
- Gesundheit
- Das Irdische
- Das Alltägliche

Haus 7 / Waage

- sich der Welt zuwenden
- Begegnung lernen
- lerne anderen zu begegnen
- Namasté (Ich grüsse das Göttliche in Dir)
- Das Göttliche im anderen erkennen lernen

Haus 8 / Skorpion

- stetiger Wandel
- Stirb und werde!
- Transformation
- Wandlung
- Nichts bleibt so wie es war
- Immer ändert sich etwas
- Immer geht es um den nächsten Schritt, die nächste Stufe
- Fortschreiten, Fortschritt
- Wenn wir es freiwillig machen, ist alles wunderbar
- Wenn wir an Altem festhalten, werden wir in Krisen gezwungen
- Loslassen müssen
- Krisen, die oftmals mit Todesthemen zu tun haben
- Irgendetwas stirbt immer, daher ist die Aufgabe loszulassen und es freizugeben

Haus 9 / Schütze

- Horizont erweitern
- Selbstständig denken lernen
- Philosophen, weise Instanzen
- eigene Lebensperspektive ins Feld geben
- unterrichten (im großen Stil)
- nicht dogmatisch über andere sprechen

Haus 10 / Steinbock

- Führung
- selbstständig/autonom werden
- sich selbst führen lernen
- Verantwortung für sich selbst
- Verantwortung für sich und die Welt
- manche mit diesem Mondknoten kommen aus dem „warmen Nest" der Eltern und sträuben sich erwachsen und eigenständig zu werden
- das Familiennest verlassen und eigene Wege gehen

Haus 11 / Wassermann

- sich in Gruppen von Gleichgesinnten einfinden
- lernen, von dem Zwang alleine im Scheinwerferlicht zu stehen, Abstand zu nehmen
- sich immer mehr für die Gruppe engagieren
- diese Lernaufgabe ist nicht einfach für das eigene Ego, da man beginnt in einer Gruppe zu „verschwinden"
- das Ziel erkennen, ich bin einer von vielen und gemeinsam haben wir ein unglaubliches Knowhow, aus dem wir alle zusammen schöpfen können
- jeder ist wichtig
- keiner muss sich wichtig nehmen

Haus 12 / Fische

- Frequenz des Numinosen
- Geistige Welt
- Traumwelt
- materialistisch nicht messbar
- das Unsichtbare
- Ausruh-Inkarnation
- man darf sich von den anderen bedienen lassen
- emsige Menschen, die alles immer bis zum Schluss umsetzen wollen, bevor sie sich selbst die Möglichkeit geben zu entspannen
- Lerne, Dich so in das Ganze einzufügen, daß Du Dir Deine Zeit nehmen darfst, Dich von der Welt zurückzuziehen.
- Die andere machen dann mal das, was Du eigentlich machen würdest
- Aufgabe ist es, sich den spirituellen Dimensionen zuzuwenden.

Wie geht es jetzt weiter?

Ich hoffe, die Inhalte dieses Buches konnten Dich dazu anregen, über Deine Bedürfnisse, Ziele und das Gleichgewicht zwischen verschiedenen Lebensbereichen nachzudenken. Und Dir helfen, ein tieferes Verständnis für Dich selbst zu entwickeln, so dass Du nun anfangen kannst, Deinen individuellen Wachstumsweg zu gestalten.

Das Leben ist ein Prozess und ein Weg, den wir gehen, solange wir leben.

Für ein Gefühl von Zufriedenheit, ist es wichtig, dass die Richtung für uns stimmt, in die wir uns bewegen. Bewegen wir uns zunehmend auf Wohlbefinden und passende Lebensumstände zu? Frage Dich also regelmäßig:

Worauf bewege ich mich aktuell zu?

Für Deinen Weg möchte ich Dir im nächsten Kapitel noch einen sehr wichtigen Hinweis mit an die Hand geben, damit Du nicht so schnell ins Straucheln gerätst, während Du Dein Leben nach Deinen eigenen Vorstellungen und Wünschen gestaltest...

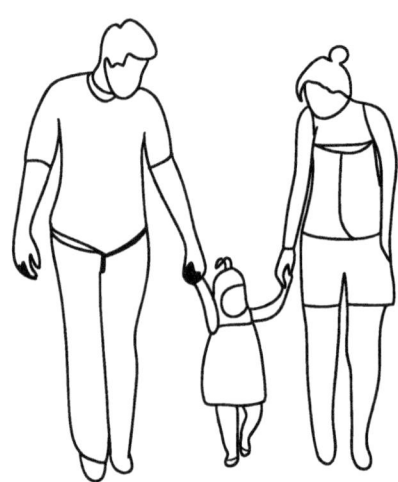

Sehnsucht

Sehnsucht existiert nur innerhalb eines kindlichen Bewusstseins. Sehnsucht ist infantiler Natur. Ein Zustand von Unbewusstheit. Es ist eine Sehnsucht nach einem ungestillten Bedürfnis, das wir glauben, uns nicht selbst erfüllen zu können. Wir hoffen stattdessen, dass jemand von außen kommt und unser Bedürfnis auf magische Weise stillt oder unser Problem löst.

Viele Partnerschaften gründen in dieser infantilen Sehnsucht nach Bedürfnisbefriedigung und finden hier ihren Anfang und enden nach einer Weile in der Ent-täuschung, dass der andere eben nicht unsere wahren, seelischen Bedürfnisse stillen kann. Natürlich können uns andere Menschen auf unserem Weg unterstützen, aber unseren Seelenplan können nur wir selbst verwirklichen und erfüllen.

Aufgepasst!!!

Überkommt uns ein Gefühl von Sehnsucht, Hilflosigkeit, oder gar Verzweiflung, ist das immer ein wertvoller Hinweis darauf, dass wir in unser *kindliches Bewusstsein* zurückgerutscht sind. Dies kann und wird immer wieder einmal passieren. Kein Mensch ist davor gefeit. Es gibt leider nicht diesen einen Moment im Leben, in dem wir das Problem endgültig gelöst haben werden. Wir müssen lernen wachsam und achtsam zu sein, so dass wir es im Laufe der Zeit schaffen, immer schneller in unseres erwachsenes Bewusstsein zurückzukehren.

Was wir in diesen Momenten der Sehnsucht brauchen, ist unser erwachsenes Bewusstsein, welches Kenntnis über diese Vorgänge hat und nicht zuletzt unseren eigenen, inneren Erwachsenen, im Idealfall sogar unser höheres Selbst, welches genau weiß:

- Ich habe alles, was ich in Wirklichkeit brauche.

- Und ich bin im Stande, alle meine Probleme zu lösen.

- Ich bin für mich da. Ich kümmere mich um mich selbst.

Vergessen wir nicht:

Der Mist der Vergangenheit ist zwar der Boden
auf dem das Neue wächst.

Aber Dein Leben ist heute von Dir selbst abhängig:

- von Deinen Gedanken
- den Gefühlen, die Du erzeugst
- Deinem Handeln,
- und Deinen Entscheidungen, die Du täglich für Dich und Dein Leben triffst.

Das Bewusstsein über die Missstände Deiner Vergangenheit und dem, was Du nicht mehr möchtest, sind heute die Grundlage für die bewusste Veränderung von Altem und Deine Neugestaltung des Lebens.

Im Hier und Jetzt besteht immer die Möglichkeit, neue Weichen für Dein Leben zu stellen. Du kannst Deine bisherigen Grenzen selbst aktiv verschieben.

Begrenzungen

Wozu sollen Begrenzungen eigentlich gut sein? Schränken sie uns nur ein? Sind sie da, um uns klein zu halten oder zu ärgern? Oder haben sie vielleicht einen tieferen Sinn?

Bei meinem Blick aus dem Fenster auf die Schweizer Berge im Hintergrund macht meine Seele mich auf eine weitere Weisheit des Lebens aufmerksam und mir wird bewußt:

Begrenzungen sind in Wahrheit nützlich.

Denn ich sammle viele Informationen und lerne Neues, um die Begrenzungen überwinden zu können. Ich sollte meine Begrenzungen, die ich im täglichen Leben erfahre also wertschätzen, denn...

...sie lassen mich unaufhörlich wachsen.

Welche Begrenzungen begegnen Dir in Deinem Leben?
Und wie gehst Du mit ihnen von jetzt an um?

Der Weg ist das Ziel

Wem geht es auch so? Wenn man diesen Satz hört, möchte man am liebsten mit den Augen rollen und nur genervt denken: „Ja, ja." Denn der Weg, den wir durchs tägliche Leben gehen, fühlt sich oftmals alles andere als himmlisch, leicht, freudvoll und beschwingt an, ganz im Gegenteil. Man kann mit diesen allgemeingültigen, meist schon abgedroschen klingenden Sätzen oft gar nichts anfangen.

Es sei denn, wir finden einen klaren, eigenen Bezug zu ihnen. Dann macht es plötzlich „Klick" in uns und der Satz macht auch für uns endlich einen Sinn und wir verstehen ihn in seiner Tiefe und stimmen ihm zu.

Beispiel 1:

Ich werde von meinem Vorgesetzten zu einem Seminar mit anschließender Prüfung angemeldet. Der Job ist nur ein Brotjob, und hat für mich darüber hinaus keinen persönlichen Stellenwert. Er interessiert mich demzufolge auch nicht wirklich. Wie fürchterlich fühlt sich nun also der Weg zur Prüfung an? Grauenhaft! Mein Weg sieht vor, dass ich mich täglich dazu zwinge, einen Stoff zu lernen, der mich nicht die Bohne interessiert. Der Weg ist eine Qual. Und das Ziel habe ich mir nicht selbst ausgesucht. Ich nehme es als notwendiges Übel in Kauf, weil ich so schnell keine Alternative zur Hand habe, um meinen Unterhalt zu verdienen.

Beispiel 2:

Mir kommt die Idee für ein Buch. Das Thema finde ich super spannend und interessant. Ich verbringe gleich vier Stunden mit Recherche und gestalte noch bis Mitternacht das Cover. Es kostet mich keine Mühe, den gesamten Nachmittag am Schreibtisch zu verbringen und meine ersten Ideen und Gedanken einzutippen. Das Ziel ist das Fertigstellen eines Buches. Viel Arbeit, keine Frage.

Der Weg dahin ist tatsächlich das reinste Vergnügen. Ich genieße den Entstehungsprozess, habe Freude am Informationen-Sammeln und Gestalten des Buches. Ich kann den Moment genießen. Nicht erst, wenn das Buch fertiggestellt ist, sondern bereits den gesamten Weg über. Ich genieße den Flow des Erschaffens und bin mit meiner Konzentration voll und ganz dabei.

D.h. der Satz, der Weg ist das Ziel, bedeutet in Wahrheit nichts anderes als:

Der Weg muss mich glücklich machen.

Es ist der Weg, der mich bereits glücklich macht,
und nicht erst das Erreichen des Ziels.

Wenn der Weg uns also glücklich macht, weil wir unseren eigenen Interessen nachgehen dürfen und uns selbst als Schöpfer und Gestalter unseres Lebens genießen dürfen, und wir uns auf das Ziel, auf das wir uns zubewegen ebenfalls freuen, dann stimmt in jedem Augenblick unseres Lebens auch die Richtung in die wir uns bewegen.

Und wenn wir das tiefe Gefühl haben, dass die Richtung stimmt, empfinden wir automatisch Glück und Zufriedenheit, unabhängig davon, wann wir unser Ziel in der Zukunft erreichen.

Jeder Schritt auf unserem Weg schenkt uns bereits die Erfüllung, die wir eigentlich erst am Ziel erwartet hätten.
Daher frage Dich:

- Welche *Tätigkeiten und Interessen* sind es, denen Du mit Freude nachgehst?

- Und mit welcher Tätigkeit hilfst Du gleichzeitig anderen, erleichterst ihnen das Leben, machst ihr Leben auf irgendeine Weise besser?

"We're all just walking each other home."
Rumi
("Wir begleiten uns alle gegenseitig nach Hause.")

In Deiner **Freude am Tun** und dem **Nutzen für andere** liegt die Lösung für Deinen nächsten Schritt...

Liebe und Geduld

für Dich

auf Deinem Weg

„Where are we really going?
Always home!"

Novalis

Weiterführende Empfehlungen:

- *Selbstbestimmt leben* von Jorge Bucay
- *Human Design*
- *Siddhartha* von Hermann Hesse
- *Seelenwege* von Brian Weiss
- *Versuchen* von Yamada
- *Drei Fragen* von Jorge Bucay
- *Die 16 Lebensmotive* von Steven Reiss
- Ich bin das Licht! *Die kleine Seele spricht mit Gott* von Neale D. Walsch
- Das Thema *Kollektives Trauma* von Gabor Maté
- Das Thema *Potentialentfaltung* von Gerald Hüther

Hat Dir dieses Buch gefallen?

Dann nimm' Dir doch bitte zwei Minuten Zeit,
um es auf Amazon zu bewerten.
Rezensionen sind sehr wichtig für Autoren,
damit auch andere Menschen,
dieses Buch kennenlernen können.

Vielen lieben Dank für Deine Zeit und Deine Mühe!

FSC
www.fsc.org
MIX
Papier aus verantwortungsvollen Quellen
Paper from responsible sources
FSC® C105338

Imprint

Bibliografische Information der Deutschen Nationalbibliothek: Die Deutsche Nationalbibliothek verzeichnet diese Publikation in der Deutschen Nationalbibliografie; detaillierte bibliografische Daten sind im Internet über dnb.dnb.de abrufbar.

Die automatisierte Analyse des Werkes, um daraus Informationen insbesondere über Muster, Trends und Korrelationen gemäß §44b UrhG („Text und Data Mining") zu gewinnen, ist untersagt.

Autor: Karoline Weiß
Titel: "Die Rückkehr zu Dir Selbst. Eine Brücke zwischen Kindheit und Erwachsensein."
Erste Ausgabe: Dezember 2024

©2024 All rights reserved by Karoline Weiß

Verlag: BoD · Books on Demand GmbH, In de Tarpen 42, 22848 Norderstedt
Druck: Libri Plureos GmbH, Friedensallee 273, 22763 Hamburg

ISBN: 978-3-7597-8445-2